비블리오드라마틱 노블

멘토

Mentor Joseph as a Blessing

요셉

멘토 요셉

‒ 비브리오드라마틱 노블 ‒

펴낸날 ┃ 2025년 4월 25일

지은이 ┃ 홍 성 보
펴낸이 ┃ 허 복 만
펴낸곳 ┃ 야스미디어
등록번호 제10-2569호

편 집 기 획 ┃ 디자인드림
표지디자인 ┃ 디자인일그램

주 소 ┃ 서울시 영등포구 영중로 65, 영원빌딩 327호
전 화 ┃ 02-3143-6651
팩 스 ┃ 02-3143-6652
이메일 ┃ yasmediaa@daum.net
I S B N ┃ 979-11-92979-17-5 (03230)
정가 17,000원

‒‒

본서의 수익금 일부분은 선교사를 지원합니다.

비블리오드라마틱 노블

멘토

Mentor Joseph as a Blessing

요셉

홍성보 지음

YAS 야스

프롤로그

2009년 중국에서, 오랜 시간 고민해 왔던 성경적인 꿈과 비전에 대한 조각난 퍼즐들이 믿음의 조상들의 삶을 통해 하나의 그림으로 정리되는 것을 경험했습니다. 이에 무작정 노트북컴퓨터 앞에 앉아 며칠 밤낮을 몰입하여 써 내려간 글이 '꿈-하루를 사는 비밀'이라는 제목으로 출간이 된 것은 생각지 못한 은혜였습니다. 내가 했지만, 내가 한 것 같지 않은 그런 경험이었습니다.

그 책은 이후로 독자분들뿐만 아니라 나 자신에게도 계속해서 영감을 주었고, 많은 분들이 그 책을 통해 하나님의 사랑을 경험하고, 또 하나님을 인격적으로 만났다는 소식을 들을 수 있었습니다. 심지어 성경 공부 혹은 양육 교재로도 사용하고 계신다는 감사한 소식을 접할 수 있었는데, 수원의 한 교회에서 강사로 초청해 주시며 학생들이 쓴 독후감을 보여주셨던 기억을 잊을 수 없습니다. 그 독후감들의 내용이 감격스러웠던 것은 두말할 필요도 없지만, 무엇보다도 책을 통해 일하시는 하나님을 목도한 그 경험으로 인해 글 쓰는 이로써 살아가고자 하는 뜨거운 열망을 품게 되었습니다.

이후, 저는 상담심리를 전공하게 되었고, '꿈-하루를 사는 비밀'이 '그리스도인의 비전과 꿈'을 미래가 아닌, 현재로 가져오는 작업이었음을 알게 되었습니다. 그리스도인의 삶은 내가 계획한, 혹은 하나님의 뜻이라고 생각하는 어떤 미래를 향해 달려가는 것이 아니라, 여기-지금(here & now)에서 하나님과의 건강한 관계 가운데 자유롭고 건강한 선택을 쌓아가는 것임을 깨달았던 것입니다.

요셉은 그야말로 여기-지금을 살아간 사람이었습니다. 만약 그렇지 않았다면, 미래를 송두리째 빼앗긴 것만 같은 극한의 절망적인 상황 속에서 결코 다시 일어날 수 없었을 것입니다. 요셉의 강점은 건강한 신앙에서 비롯된 건강한 심리, 건강한 삶이었습니다. 그렇게 하루하루를 살아낸 요셉의 삶을 하나님의 신에 감동된 삶, 즉, 성령에 충만한 삶이라고 말할 수 있다면, 성령 충만이란 무엇일까요?

성령님이 내 영혼을 배터리 충전하듯이 가득 채우시는 것이 성령의 충만함일까요? 그래서 나의 모든 죄성과 욕구가 성령에 압도되어 오직 성령이 원하시는 뜻대로 살아갈 수 있는 것이 성령의 충만함으로 살아가는 삶일까요?

하나님께서 우리에게 베푸신 '자유의지'를 생각할 때, 이는 성령의 충만함에 대한 바른 이해라고 생각되지 않습니다. 하나님은 우리를 조종할 생각이 추호도 없으십니다. 자율성에서 비롯된 사랑만이 진정한 사랑이기 때문이며, 하나님은 우리와 이런 사랑을 주고받기 원하시기 때문입니다. 하나님은 강제로 우리를 뒤집어엎지 않으십니다. 오직 우리에게 당신의 사랑을 경험케 하실 뿐입니다. 다만, 그 사랑이 그 어떤 악한 자라도 감사하며 회개하게 할 만큼 큰 사랑인 것 뿐입니다.

성령의 충만함에는 신비로운 영역이 있음이 분명합니다. 그러나 그 신비는 체험적 의미에서의 신비가 아닌 성령께서 나 같은 사람에 내주(來住)하신다는 불가해한 은혜에 대한 신비입니다. 심리상담가로서 생각하는 성령충만이란 하나님과의 건강한 관계라고 생각합니다. 내주하시는 성령님과 건강한 관계를 이루며 살 때, 우리의 삶에 성령의 열매가 맺히게 되는 것입니다. 성령이 우리를 조종하시는 일은 없지만, 성령과 사랑을 나누고 친밀하게 지내는 관계라면, 우리가 사랑하는 사람에게 흔히 하듯이 성령께서 기뻐하실 만한 행동을 하게 되는 것입니다. 믿음과 행위가 별개일 수 없듯이, 사랑과 삶도 별개일 수 없는 것입니다.

이 책의 초판 격이라 할 수 있는 '꿈-하루를 사는 비밀'이 요셉의 이야기를 통해 그리스도인의 꿈과 비전을 이해할 목적으로 집필되었다면, 이 책은 요셉이 성령 충만한 삶, 즉, 복된 삶(as a blessing, be a blessing)을 배우고 살아온 과정을 그리고 있습니다. 요셉이 야곱으로부터 구전 받은 조상들의 이야기를 통해(즉, 성경을 통해), 또 깊은 묵상을 통해 성장하고 세워져 가는 여정의 길로 당신을 초대합니다.

• • • • • •

아침에 아내 혹은 자녀와 심히 다투고 나온 목사도 용서와 화해에 대해 얼마든지 은혜롭게 설교할 수 있습니다. 이는 그가 말씀을 전함에 있어 은사를 받은 자이기 때문입니다. 거룩하고 은혜롭게 찬양을 인도한다고 하여, 그 찬양인도자의 삶도 거룩하리라는 보장은 없는 것입니다. 주여, 주여 하는 자마다 구원에 이르는 것이 아니며, 주의 이름으로 귀신을 내쫓고, 병을 고쳐도 예수님이 전혀 알지 못하는 자일 수도 있습니다. 은사는 은사일 뿐, 은사자에 대해 아무것도 설명해 주지 않습니다. 이것이 은사에 대한 나의 이해이며, 은사자가 가져야 할 마음가짐이라 생각합니다. 이 책 역시 자격이 아니라 은혜로 집필했다고 믿습니다. 이 책의 글이 나란 사람을 설명해 주는 것도 아니요, 나란 사람에 대해 어떠한 보장도 해주지 않습니다. 이 글은 그저 하나님이 누군가에게 읽게 하시기 위해 나를 통해 쓰신 것임을 고백합니다. 고로, 이 글은 내게 주시는 글이기도 하기에 감사히 받으며 기꺼이 나눌 따름입니다.

• • • • •

이 책은 성경에 나온 요셉의 이야기를 바탕으로 작가의 상상력을 더해 소설의 형식으로 쓰였는데, 이러한 방식은 '비블리오드라마적 글쓰기(Bibliodramatic writing)'라고 할 수 있습니다. 비블리오드라마는 성경에 기록된 문자(검은 불꽃)는 물론, 행간(흰 불꽃)에도 관심을 갖는데, 이는 유대인의 미드라쉬 성경공부 방법과 심리상담의 한 분야인 사이코드라마를 통합한 것이라 할 수 있습니다. 미드라쉬는 이를 흰 불꽃을 활활 불태우는 작업이라고 일컫는데, 이 작업을 통해 등장인물들의 생각과 감정을 체험해 봄으로써 성경에 대해 더욱 풍성한 이해를 경험하게 됩니다.

이 소설은 창세기를 소재로 '홍성보'가 쓴 '비블리오드라마적 글쓰기'입니다. 여러분이 상상하고 여러분이 경험한 창세기의 이야기는 다를 수도 있습니다. 하지만, '성보가 만난 이야기'가 여러분의 경험의 한 조각이 될 수 있다면 더욱 풍성한 하나님의 이야기, 요셉의 이야기 그리고 당신의 이야기가 될 것이라 생각합니다.

비블리오드라마란 무엇인지, 또 비블리오드라마를 활용한 말씀묵상과 가정예배는 어떤 효과가 있으며, 어떤 방법이 있는지 이 책의 뒷부분에 따로 수록하였습니다. 비블리오드라마는 서울신학대학교 및 한국비블리오드라마협회(bibliodrama. co.kr)를 비롯한 여러 전문가들을 통해 연구 및 보급되고 있습니다.

●　　●　　●　　●　　●

이 글을 쓸 수 있도록 끊임없이 독려해 주신 야스미디어 대표 허복만 장로님, 성도의 삶이란 무엇인지 그 본을 생생히 보여주신 존경하는 아버지 홍기명 장로님과 어머니 정화숙 권사님, 부족한 사위를 한결같이 믿어주시고 기도로 섬겨주시는 장모님 김경숙 권사님, 상담심리학을 통해 신앙적 자유를 회복하고 사람들을 치유하고 성장하도록 돕는 길로 인도해 주신 서울신학대학교 상담대학원 이희철, 조현숙, 황헌영 교수님을 비롯한 스승님들과 성장의 페이스메이커가 되어 준 상담사 동료 여러분들, 그리고 끊임없는 사랑과 지지로 힘을 더해 준 사랑하는 아내 라희와 부족한 아빠를 사랑하고

응원해 준 아들 의영이·시영이, 그리고 복된 신앙생활의 모
닥불인 인천순복음교회의 담임목사님과 교역자분들, 그리고
동역하는 형제, 자매 여러분들께 깊은 감사를 드립니다. 무
엇보다도 이 글을 허락하신 나의 복, 하나님께 깊은 감사를
드립니다.

진실한 상담소, 진담에서

홍성보

추천사

"멘토 요셉"을 통해 경험하는 성경과의 새로운 만남

이미 "꿈-하루를 사는 비밀"(2010)을 통해 하나님과의 인격적인 만남과 친밀한 묵상의 방법을 나누어 준 홍성보 선생님이, 이번에는 "멘토 요셉"(2025)을 저술하여 또 다른 새로운 방식으로 성경과 친숙해지는 길을 열어 주었습니다. 이 책은 성경 본문의 의미를 깊이 있게 이해할 기회를 선사할 뿐만 아니라, 성경을 통해 얻을 수 있는 지혜와 힘을 얻는 여정으로 독자를 안내합니다.

"멘토 요셉"에서 저자가 제안하는 성경 체험의 방법은 '미드라쉬(Midrash)'와 '비블리오드라마(Bibliodrama)'입니다. 미드라쉬란 고대 히브리인들이 율법서(구약의 첫 다섯 권)의 의미를 찾기 위해 성경 속 인물들의 삶을 되새기고, 그들이 처한 상황을 상상하며 성경과 직접 대화하는 방식이었습니다. 이를 통해 그들은 성경 행간에 담겨있는 삶의 현장을 향한 하나님의 뜻과 지혜를 깨달았고, 신앙의 여정 속에 필요한 새로운 영적 통찰과 힘을 얻을 수 있었습니다.

비블리오드라마는 이러한 미드라쉬의 방법을 현대 심리극과 접목한 것으로, 집단이 함께 성경 본문을 읽고 성경 속 인물을 신체적으로 재현하고 그들의 내적·외적 경험을 몸으로 체현하는 새로운 성경공부이며 기독집단상담이라 할 수 있습니다. 이를 통해 우리는 하나님의 말씀이 삶의 구체적인 상황 속에서 어떻게 적용될 수 있는지 직접 몸으로 체험하고 그 역할을 연습하여, 신앙을 더욱 실천적으로 살아갈 용기를 얻을 수 있습니다.

"멘토 요셉"은 이러한 두 가지 체험적 성경 이해 방식을 접하는 데 유용한 안내서입니다. 이 책은 요셉이 인생의 다양한 시련을 겪으며 하나님의 임재를 경험하는 과정을 '멘토'와의 영적인 대화를 통해 미드라쉬 형식으로 전개합니다. 그리고 이를 통해 신앙인의 하루하루가 성령의 멘토링을 받을 때 얼마나 큰 활력을 얻을 수 있는지 경험하여, 신앙인이 하나님의 창조적 역사에 어떻게 용기있게 뛰어들어 새로운 변화를 경험할 수 있는지 깨달아 알게 도와 줍니다. 성경을 '객관적 지식'으로만 이해하는 것이 아니라, 이제 '주관적으로도' 살아 있는 하나님의 말씀을 체현하는 기회를 얻게 합니다.

"멘토 요셉"이 기독공동체의 성경공부와 기독상담 분야의 소그룹 상담 현장에 큰 영향을 끼치리라 확신합니다. 무엇보다 이 책을 통해 많은 가정이 성경이 주는 기쁨과 지혜를 경험할 것을 기대합니다. 성경은 더 이상 어렵고 고리타분한 책이 아니라, 우리의 삶 가까이에서 친숙한 목소리로 말씀하시는 하나님의 살아 있는 메시지임을 "멘토 요셉"을 통해 모두가 따뜻하게 경험하기를 바랍니다.

황 헌 영
서울신학대학교 상담대학원 교수
前 한국비블리오드라마협회 회장

차례

복의 근원, 양가 부모님,

복의 동반자, 아내 라희,

그리고

복의 상속자, 의영·시영이에게

첫 만남

"사브낫바네아."

낯선 소년의 목소리가 집무실 문 밖에서 들려왔다.

"아, 어서 오게."

한 소년이 긴장한 듯 조심스럽게 방 안으로 걸음을 옮겼다. 그는 정중히 목례를 한 뒤, 이 거대하고 낯선 공간의 어디에 있어야 할지 허락을 구하는 듯, 간절한 눈빛으로 방의 주인을 바라보았다. 소년은 사브낫바네아라고 불리는 대 애굽(Egypt)의 살아있는 전설인 총리에게 가르침을 청할 수 있는 일생일대의 기회를 얻은 터였다. 이 기회는 총리가 거주지를 시찰할 때, 소년이 오른손을 번쩍 든 채 길을 막아 선 것으로부터 시작되었다.

집무실에 들어선 소년의 눈빛은 저잣거리에서 총리를 막아서던 때와는 사뭇 달랐다. 웬만한 집한 채는 들어갈만한 거대한 집무실의 넓이와 높이에 눈이 휘둥그레지고, 올라가 공을 차며 뛰어 놀 수 있을 것만 같은 거대한 책상에 입이 떡 벌어지고, 거대한 벽화, 곳곳에 배치된 화려한 장식들에서 눈을 떼지 못했다. 양 팔을 두 번 벌려도 크기를 잴 수 없을 만큼 큰 창, 그리고 그 창을 통해 보이는 거대한 곡식창고와 곡식을 구입하기 위해 몰려든 인파는 한 폭의 명화와 같이 느껴졌다. 총리는 소년의 집무실 탐험 활동을 한참이나 그대로 두었다.

"정말 큰 책상이지?"

소년은 고개를 격하게 끄덕였다.

"나도 처음 이 방에 들어왔을 때 이 책상 때문에 적잖이 놀랐다네. 과연 누가 무엇을 위해 책상을 이렇게 만들었을까, 사실 너무 크고 무거워서 다른 곳으로 옮기지도 못하고 그냥 사용하고 있거든."

소년은 답을 찾으려는 듯 신중하게 책상을 살피기 시작했다.

"마치, 자네가 내게 한 질문이 이 책상에게도 필요한 것 같군."

"네?"

"이 책상이 무엇 때문에 이렇게 크게 만들어지고 이 방에 있게 되었는지 알고 싶은 것처럼, 자네도 그런 것 같아서 말이야."

소년은 책상을 살피는 것을 멈추고, 40대 초중반은 되어 보이는 듯한 애굽의 전설을 바라보았다. 그는 기대한 것 보다 더 따뜻하고 지혜로운 사람이라는 생각이 들었다. 마음이 편안해진 탓일까, 자신을 놀라게 했던 그 거대한 책상이 왠지 딱해 보였다.

"그럼, 오늘은 내가 먼저 질문을 해보겠네. 자네는 무엇을 위해 살고 있는가?"

소년은 서글픈 표정으로 대답했다.

"그것은 제가 드렸던 질문인걸요."

총리는 저잣거리에서 소년이 외쳤던 질문을 기억하고 있었다.

"충분히 고민했다는 뜻으로 받아들여도 괜찮을까?"

소년은 고객을 끄덕였다.

"삶에 목적에 대한 질문이 떠오른 무렵, 주변 사람들은 어떻게 살아가는지, 무엇을 위해 살아가는지 살펴보았습니다. 어떤 이는 자신의 꿈을 성취하기 위해, 혹은 가족의 안위와 평안을 위해, 또는 별 생각 없이 살아가기도 하는 것 같더군요."

총리는 찻잔을 홀짝이며 소년이 말이 이어지기를 기다

렸다.

"지난번엔 고센[1]에서 온 한 소년을 만났는데, 그 소년에게 너희 민족은 어떤 이유로 살 아가냐고 물어보기도 했었습니다."

그는 호기심이 발동했다.

"오, 그랬더니?"

"사실, 전 실없는 사람 취급을 받을 줄 알았습니다. 그런데 소년은 진지하게 대답해 주더군요. 자신들은 하나님의 약속의 성취를 기다리며 살아가는데, 그 약속은 그의 먼 조상이 받은 약속이라고 했습니다. 이제 자신의 가족들이 민족을 이루게 될 것이며, 모든 족속의 복이 될 것이라고 … "

"오호~"

"그 소년의 믿음은 확고해 보이더군요. 하지만, 그 신의 존재와 약속이 사실임을 믿는다 할지라도, 솔직히 그 소년이 민족을 이루는 것을 볼 수나 있을까 하는 생각이 들더군요. 그런 약속이 도대체 소년에게 어떤 의미가 있는 것인지… 그

---

1) 저자 주: 야곱(요셉의 아버지)의 가족들이 머물 던 땅. 요셉이 총리가 되어 기근에 처한 야곱과 그의 가족들을 이집트로 불러오는 과정에서 이집트인들이 목축업을 천히 여김에 착안하여 유목민인 야곱의 가족들이 풀과 물이 충분하지만 수도에서 멀리 떨어진 고센 땅에서 살도록 바로(파라오)의 허락을 구하였다.

리고, 그것이 오늘의 자신의 삶을 어떻게 살아야 하는지를 설명해 주는 것 같지는 않았습니다."

총리는 소년의 의문이 맘에 드는 듯 미소를 지으며 끄덕였다.

"그 소년에게 한 번 물어보지 그랬나?"

"네, 물어보았지요. 다시없을 기회였으니까요. 그 소년이 말하는 신, 신의 약속 등을 다 인정한다고 해도, 그 약속을 기다리며 살아간다는 것은 무엇인가? 그 신의 백성으로 살아간다는 것은 어떻게 살아가는 것인가? 등에 대해서 물어보았습니다. 하지만, 명쾌하게 대답해 주지 못하더군요. 마치, 약속은 약속, 인생은 인생인 듯한 분리된 느낌이었습니다."

"많은 고민을 했군."

전설의 한 마디가 소년에게 큰 위로가 되는 듯 했다. 소년은 잠시 뜸을 들이곤 말을 이었다.

"한 때는 꿈으로 살아갔습니다. 훌륭한 선생님이 되는 것이 꿈이었죠. 그 때는 그 꿈만으로도 해야 할 것이 너무 많았고, 열정적으로 살 수 있었습니다. 그런데, 출생과 죽음이라는 벽에 부딪혔습니다. 저는 제가 원해서 태어난 것도 아니고, 어떻게 살든 결국 죽음으로 끝난다는 사실 말이지요. … 제 자신의 존재 이유, 그리고 어떤 태도로 살아가야 할지 알고 싶었습니다. 부모님은 쓸데없는 고민은 그만두고 먹고 살 길이나 고민하라고 하시지만, 도저히 이 문제를 지나칠 수가 없더군요. 하지만, 아무리 고민해도 답을 알 수 없었습니다. 그런데 총리님에 대해 들려오는 이야기들을 들었습니다. 총리님의 삶은 뭔가 다른 것 같았어요. 그리고 그 고센 소년의 확신 또한 인상 깊었습니다. 그 신에 대한 호기심이 생기더군요. 총리님이 섬기고 있는 바로(파라오, Pharaoh) 조차도 인정한 그 신 말입니다. 어쩌면 그 신은 답을 가지고 있지 않을까 하는 생각을 하기에 이르렀습니다. 그런데 … 이 방에는 총리님이 섬기는 신의 신상이 보이지 않네요?"

"나의 신은 보이지 않는 분이라네."

"네? 보이지 않는 신을 어떻게 믿을 수 있죠?"

"신상은 신이 아닐세."

"네, 그렇긴 하죠. 그렇지만 …"

"가만히 생각해 보면 애굽의 신들도 그림과 신상으로는 자주 볼 수 있지만 실제로 본 이는 아무도 없을 걸세."

"그렇긴 하죠. …"

창밖으로부터 아이들이 소란스럽게 뛰노는 소리가 들렸다.

"꽤 시끄럽군."

"적어도 대 여섯 명은 되는 것 같습니다, 아마도 공을 차며 노는 것 같군요."

"어떻게 보지 않고도 알 수 있나?"

소년은 어깨를 으쓱거렸다.

"척하면, 척이죠. 소리만 들어도 바로 알 수 있습니다."

"그럼, 꼭 눈에 보여야만 알 수 있는 것은 아니군."

소년은 두 눈을 크게 떴다.

"사실, 신이 눈이 보이지 않는 것 정도는 신기한 것도 아닐세. 신이 그 정도는 돼야지."

"하하, 정말 그러네요."

"내가 믿는 신이라 … 오늘은 먼저 내 증조부의 이야기를 해 주는 것이 좋을 것 같군."

믿음의 조상

> 여호와께서 아브람에게 이르시되 너는 너의 본토 친척 아비 집을 떠나 내가 네게 지시할 땅으로 가라. 내가 너로 큰 민족을 이루고 네게 복을 주어 네 이름을 창대케 하리니 너는 복의 근원이 될지라
>
> (개정, 창세기 12:1, 2)

붉게 물들어가는 하늘을 하염없이 쳐다보고 있던 아브람[2]은 아내 사래가 옆으로 와 앉는 것도 알아차리지 못했다.

"여보!"

"아이쿠 깜짝이야!"

"무슨 생각을 그리 골똘히 하시길래 제가 오는 것도 모르셨어요?"

---

2) 저자 주: 사브낫바네아(요셉)의 증조부, 후에 아브라함으로 이름을 바꾸게 된다.

아브람은 아내의 손을 잡으며 미소를 지었다. 그는 입술을 달싹이다가 굳게 다물고는 이내 하늘을 돌아보았다.

"당신, 뭔가 할 말이 있으시군요? 말씀해 보세요."

그는 선뜻 입이 열리지 않았다. 먹고 사는 것만으로도 충분히 힘든 지금의 삶 속에서 지금 그가 하고 있는 고민은 유용해 보이지도 또 현명해 보이지도 않을 것 같기 때문이었다. 하지만 사래의 눈빛을 보자 그녀라면 이해해 주리라, 아니 적어도 비웃지는 않으리라는 생각이 들었다.

"나는 태어나겠다고 한 적이 없는데, 태어난 것이 참 이상하오."

"네?"

아브람은 사래의 눈치를 살폈다. 사래는 짐짓 놀란 것 같았지만, 미소 지으며 그를 주목하고 있었다. 아브람은 혼잣말하듯 계속 말을 이어 나갔다.

"흠, 존재하지도 않는데, 존재하고 싶다고 할 수도 없는 노릇이고 … 태어나지도 않은 자가 태어나고 싶네, 마네 이야기할 수도 없는 것이잖소 … 허, 참 …"

"그런데, 아이들은 마치 태어나고 싶어서 태어난 것처럼 참으로 즐겁게 지내는 것 같네요."

사래가 거들었다.

"그렇소. 삶이 소중함을, 그리고 가치 있음을 원래 알고 있던 것처럼 말이요. 그리고 사람은 누구나 삶을, 생명을 잃는 것을 두려워하지. 자기가 요구해서 얻은 것도, 노력해서 얻은 것도 아닌데, 모두가 다 그 가치를 알고 있단 말이오."

사래가 끄덕였다.

"흠, 가치가 있다는 것은 무슨 뜻일까?"

"누군가에게 소중한 것이 아닐까요? 마치, 당신의 지팡이처럼."

아브람은 자신의 지팡이를 들어 바라보았다. 아브람이 사는 지역에서는 곱고 높게 자라는 나무를 만나는 것이 쉽지 않았다. 그런데, 우연히 곧고 긴 지팡이 감을 만났을 때의 그 반가움이란! 아브람은 가던 길도 멈추고 나무를 집으로 가져와 정성스레 껍질을 벗기고 잘 건조한 뒤, 몇 날 며칠을 깎아 이 지팡이를 만들었다. 어찌나 잘 간수했는지, 단 한 번도 잃어버리는 일 없이 수십 년을 함께하고 있었다.

"그렇소, 이 지팡이는 내게 특별한 의미, 아주 큰 가치가 있는 물건이지."

"저도요?"

"하하, 당신이야말로 내게 가장 소중하고 무엇과도 바꿀 수 없는 존재인 것을 말해 무엇 하겠소!"

둘은 서로 어깨를 부딪치며 크게 웃었다.

"결국 가치라는 것은 누군가 그것을 소중히 여기고 어떤 의미를 부여했다는 것이란 말이오."

"그렇죠. 당신이 그 지팡이를 소중히 여기고, 마치 친구와 같은 가치를 부여했죠. 그리고 저도 그것을 알기에 그 지팡이가 가치 있다는 것을 알고 있고요."

아브람은 사래의 손을 꼭 잡았다.

"바로 그것이요. 우리가, 사람이 자신의 생명에 가치가 있다는 것을 아는 것은 누군가 그 생명에 가치를 부여했기 때문이란 것이오."

사래는 갸우뚱거렸다.

"실은, 나는 우리에게 생명을 부여한 어떤 존재가 있는 것이 아닐까 생각하고 있다오."

사래는 눈이 휘둥그레졌다.

"그러니까, 당신은 지금 … 생명을 부여한, 사람을 만든 … 신이 … 있다는 말씀인가요?"

"허허, 내가 생각해도 황당하오."

"그런 신이 있다는 이야기는 들어 본 적이 없어요. 지금 우리가 섬기는 신들은 우리를 풍요롭게 해주고, 번성하게 해준다는 신들이죠. 그런데, 사람을 만든 신이라뇨?"

"사람뿐만이 아니라, 이 온 세상을 만든 신일게요."

"온 세상을요? 원래 있던 것이 아니고요?"

"저기 하늘을 좀 보시오. 그리고 저기 저 꽃과 나무들, 지금 우리 시야에 들어오는 모든 풍경을 보시오. 난 저것들이 그냥 저기 있게 된 것이라 생각하지 않소. 아마도 누군가 모든 정성과 사랑을 쏟아 만들었기에 우리가 그 가치를 느낄 수 있는 것이 아닐까 생각하오."

"아, 당신의 지팡이 … 처럼요."

아브람은 고개를 끄덕였다. 사래는 다시 한 번 천천히 주변을 둘러보았다. 이 모든 것을 누군가 어떤 의도를 가지고 만들었다고 생각하니 더욱 아름답고, 신비롭게 느껴졌다. 문득, 감사한 마음마저 들었다.

"그래서 …"

사래는 아브람을 향해 고개를 돌렸다. 아브람은 하늘을 응시하고 있었다.

"난, 우리가 알고, 섬기고 있는 그 모든 신들이 다 가짜라고 생각한다오."

"네? 그...그런..."

"좀 당황스러울게요. 우리는 어쩌면 신이 아닌 돌덩어리 조각에 대고 절하고, 소원을 빌고 있는 건지도 모르겠소. 만약, 정말로 이 세상과 우리를 창조한 신이 있다면... 꼭, 그 신을 만나보고 싶소. 그래서 지금 저 하늘을 바라보며 그 이름 모를 신에게 기도하는 중이었다오."

사래도 하늘을 바라보았다. 그리고 생각했다. 하늘을 저토록 아름답게 물 들여놓으신 분이 있다면, 과연 어떤 분일까? 나는 그 분에게 어떤 존재일까? 당신은 누구신가요?

● ● ● ● ●

"이.. 이건.. 마치 저의 질문인 것만 같습니다."

"아브람의 질문이 자네의 질문 같다는 것은 무슨 뜻인가?"

"아브람의 이야기를 들어보니, 내게 삶을 부여한 이의 존재 없이는 내 삶의 이유와 목적에 대한 고민은 그 시작조차 못할 것 같다는 생각이 들었습니다."

"신이 없다면, 삶의 목적을 논하는 것이 무의미하다는 것이군, 계속 이야기해 보게."

"제가 그저 우연히 이 세상에 존재하게 된 것이라면, 그리고, 죽음으로 소멸해 버릴 것이라면, 굳이 내 삶에 목적과 가치를 부여할 이유가 있을까요? 그런데, 사람은 누구나 목적을 가지려 하고, 또 삶의 가치를 알고 있지요."

"그럼, 그런 사실을 통해 오늘 자네의 삶을 어떻게 살아야 하는지에 대한 답을 얻을 수 있을까?"

"그것은 삶을 부여한 존재가 어떤 존재인지, 또 어떤 목적으로 그런 일을 했는지 알아야 할 것 같은데요?"

총리는 미소를 지으며 고개를 끄덕였다.

"이어지는 이야기가 자네에게 도움이 되면 좋겠군."

복이 될지라

아브람은 여느 때 처럼 바위에 걸터앉아 하늘을 바라보고
있었다.

'아, 이 상태로는 삶이 너무 무의미하다.'

아브람은 자신을 창조한 신이 없는 한, 자신의 삶은 전혀
의미가 없다고 생각했다. 삶의 목적을 논하는 것도 아무 의
미가 없다고 생각했다. 어떤 사람도 자신의 의지로 태어나는
사람은 없다. 그 어떤 부모도 자신이 원하는 대로 자녀를 태
어나게 하지 못한다. 말 그대로 사람은 그냥 태어난다. 심지
어, 실수로, 혹은 범죄를 통해 태어나기도 한다. 그러나 그럼
에도 불구하고, 사람이라면 모두가 알고 있다. 생명은 소중
하며 가치 있다는 것을. 생명이 지니고 있는 잠재력과 가능
성은 능히 가늠할 수 없는 것임을! 생명이란 정말 놀라운 것
임을! 생명을 부여할 정도의 능력이 있는 자라면 그는 엄청

나게 가치 있는 존재임이 분명하며, 그런 존재가 부여한 것
이기에 생명에서 그의 가치가 느껴지는 것이리라! 생명이 이
처럼 가치 있는 것이라면, 그는 분명 어떤 목적을 가지고 이
생명을 부여했을 것이다. 그 자의, 아니, 그 신의 목적을 알
수만 있다면 아브람은 자신의 삶을 더욱 의미 있게 살아갈
수 있을 뿐만 아니라, 죽음도 이해할 수 있을 것 같았다.

아브람은 그 존재조차 불확실한 신에게 부르짖었다.

"당신은 반드시 계셔야만 합니다. 아니, 계실 수밖에 없다
고 생각합니다. 이 모든 자연이, 그리고 나의 존재가 당신의
살아계심을 증거하고 있지 않습니까? 저는 제가 어디에서 왔
으며, 또 무엇을 위해 살고 어디로 가야 하는지 알고 싶습니
다!"

허공에 대고 부르짖고 때론 읊조리는 그의 모습은 마치
광인의 발작처럼 보일 정도였다. 하지만, 아브람은 결코 허
공에다 소리친 것이 아니었다. 그는, 바로 존재할 수밖에 없
고, 존재해야만 하는 그 신에게 자신의 생의 의미를 걸고 간
구하고 있었다.

"아브람."

아브람은 누군가 자신의 이름을 부르는 것을 들었다. 그
는 급히 주변을 둘러보았다. 그러나 그것은 주변에서 들려온

소리가 아니었다. 아니, 그것이 소리인지 아닌지도 확실하지 않았다. 그러나 누군가 자신의 이름을 부른 것이 분명했다.

"사랑하는 아브람."

다시 들려왔다. 아브람은 바위에 일어서서 주변을 둘러보았다. 그리고는 마치 누군가의 시선을 느끼듯 하늘을 바라보았다. 아브람은 알 수 있었다. 그것은 자신의 영혼만이 들을 수 있는 바로 그 신의 음성이라는 것을. 그 신은 자신에 대해 아무것도 설명하지 않고, 단지 그의 이름을 불렀을 뿐이지만, 양이 그 주인의 음성을 알아차리듯, 아브람은 그가 바로 자신이 찾던 그 신임을 알 수 있었다. 아브람은 그 신의 기운이 자신의 영혼을 가득 채우는 것을 느꼈다. 여러 감정이 아브람의 마음에 부딪혀 왔다. 죄송함, 감사함, 기쁨, 애통함, 안타까움, 희망, 그리고, 사랑. 자신을 사랑하는 신의 임재 가운데 오랜 질문들이 주던 고통이 점점 희석되고 있었다. 그것은 더 이상 그 질문에 대한 답을 얻지 못할지라도 그 신이 함께하는 한 이미 모든 것이 충분하다는 느낌, 충만이었다.

"아, 그 모든 질문들을 던지신 분도 바로 당신이셨군요!"

아브람은 자신을 찾아온 신 앞에 엎드렸다. 그 신이 자신을 향해 손을 내미는 것 같았다. 그 신은 그의 손을 낚아채지 않았다. 다만, 너무나 잡고 싶고, 잡을 수밖에 없는 손을 내밀었다. 아브람은 마치 그 신의 손을 마주 잡으려는 듯, 자신의 두 손을 하늘 높이 들어 올렸다.

그리고 자신의 심령 속에 부딪혀 오는 한 이름을 되뇌었다.

"여호와 …… 나의 주여."

그 이름은 너무나 놀라웠고, 따뜻하며, 무한한 능력이 넘쳐흐르고, 그 시작과 끝을 알 수 없었다. 아브람은 그 이름에 압도되었고, 그 이름 앞에 엎드러질 수밖에 없었다. 아브람은 여호와라 이름한 신을 자신의 주인으로 섬기기로 결정했다. 아니, 그 신은 본래 아브람의 주인이었으며, 아브람의 존재를 허락한 자, 창조주였다. 이내 또 다른 음성이 아브람의 영혼을 흔들었다.

"너는 네 고향, 친척, 네 아버지의 집을 떠나 내가 네게 보여 주는 땅으로 가라. 내가 너를 큰 민족으로 만들고 네게 복을 주어 네 이름을 크게 할 것이니 너는 복이 될 것이다. 너를 축복하는 사람에게는 내가 복을 주고 너를 저주하는 사람에게는 내가 저주하리니 땅의 모든 족속이 너로 인해 복을 받을 것이다."

아브람은 놀라운 기대와 소망으로 하나님[3]의 음성을 되뇌었다.

'내가 너를 큰 민족으로 만들고 …… 네게 복을 주어 네 이름을 크게 할 것이니 너는 복이 될 것이다 … 너는 복이 될 것이다 … 너는 복이 될 것이다! 땅의 모든 족속이 너로 인해 복을 받을 것이다.'

아브람은 그토록 갈구했던 삶의 이유, 삶의 목적을 깨닫게 되었다. 바로, 복이 되는 것이었다. 그리고 그 꿈은 단지 자신 한 사람에게 한정된 것이 아니라, 자신의 후손 아니, 세상 모든 족속에 관한 하나님의 꿈이라는 것을 알 수 있었다.

'내가 너를 …… 내가 너를 …… 내가 너를 큰 민족으로 만들고…….'

그리고 이 꿈은 자신이 이루어가는 것이 아니라 하나님께서 이루어 가실 꿈이었다.

'내가 네게 …… 보여 주는 …… 땅으로 가라.'

---

3) 저자 주: 하나님의 어원: 만주에서 조선 선교를 준비하던 존로스 선교사는 평안도 사람인 백홍준, 이응찬 등의 도움을 받아 성경을 번역했는데, 존로스는 God을 하ᄂᆞ글(하늘)과 님의 합성어인 하ᄂᆞ글님이 적합한 번역어라고 생각하고 '하느님'이라는 단어가 만들어지게 되었다. 이후 존로스 목사가 1887년 〈예수셩교젼서〉를 출간할 때는 아래아 발음을 생략해 '하나님'으로 표기하게 되었다.

아브람은 하나님께서 자신의 삶을 순간, 순간 인도해 주시리라는 확신이 섰다. 아브람은 결코 자신의 모든 여정이 궁금하지 않았다. 목적지도 전혀 궁금하지 않았다. 하나님이 자신과 함께 한다는 사실, 하나님이 자신을 사랑하신다는 것만이 그를 가득 채울 뿐이었다. 그는 하나님 강력한 임재 앞에서 겨우 말문을 열었다.

"하나님, 이것만으로도 충분합니다. 내일 당장 길을 떠나겠습니다."

여호와께서 아브람에게 이르시되 너는 너의 고향과 친척과 아버지의 집을 떠나 내가 네게 보여 줄 땅으로 가라 내가 너로 큰 민족을 이루고 네게 복을 주어 네 이름을 창대하게 하리니 너는 복이 될지라 너를 축복하는 자에게는 내가 복을 내리고 너를 저주하는 자에게는 내가 저주하리니 땅의 모든 족속이 너로 말미암아 복을 얻을 것이라 하신지라 이에 아브람이 여호와의 말씀을 따라갔고 롯도 그와 함께 갔으며 아브람이 하란을 떠날 때에 칠십오 세였더라 (개정, 창세기 12:1~4)

● ● ● ● ●

"그렇게 나의 증조부님은 아내 사래와 조카 롯을 데리고 하란을 떠났다네."

소년은 잠시 멍해진 듯 창밖을 바라보고 있었다. 두근거리는 심장을 부여잡듯 가슴을 움켜쥐고 있었다.

"그럼, 당신의 증조부님은 하나님을 만나자마자 하나님을, 자신의 삶을 완전히 이해하게 된 것인가요?"

"흠, 하나님은 완전히 이해할 수 있는 분은 아니라고 생각하네. 그리고 어떻게 한 번의 만남으로 모든 것을 알 수 있겠나? 사람과의 만남도 그럴 수 없는 것을. 다만, 하나님이 만물의 주인이며, 자신을 존재하게 하신 분이며, 자신을 사랑하신다는 것을 확실히 알게 되었던 것이지. 하나님과 자신에 대해 알게 되었다기보다는, 하나님과 자신의 관계를 알게 된 것이었다는 표현이 정확할 걸세. 그리고 그 사실 만으로도 충분하다는 것을 느낀 게야."

"아, 관계를… 당신도 그런 경험이 있었나요?"

"물론이지, 실은 … 매일 경험한다네."

"네? 그런 놀라운 경험을 매일 하고 계신다고요? 저도, 저도 하고 싶습니다!"

"흠, 무슨 경험을 하고 싶다는 것인지 잘 모르겠네만, 내가 하는 경험은 이런 것들이라네. 아브람도 보았던 햇빛, 하늘, 자연과 생물의 조화, 살아 숨 쉬고 있는 나 자신 등 …"

"아, 아브람이 하나님이 살아계심을 느낄 수 있었던 바로 그런 것들이군요."

"그렇지, 이 모든 것들이 하나님의 살아계심을 증거하고 있다고 생각하네. 적어도 내게는 말이지."

소년은 고개를 끄덕였다. 왠지 하나님이라는 존재가 갑자기, 아니 어쩌면 이미 자신의 주변에 충만히 존재하는 것 같았다. 하지만, 왠지 그것만으로는 충분하지 않다는 생각이 들었다.

"그럼, 하나님을 만난 사람은 어떻게 살아가야 하는 거죠? 그저 하나님이 모든 것을 책임져 주실 것만 기대하고 가만히 있을 수는 없을 것 같아요. 저도 이제 곧 성인이 되는지라, 어떻게 자리를 잡아야 할지 매일 고민하고 있거든요."

"흠, 자리를 잡고 싶다 라… 그럼, 아브람의 조카 롯의 이야기를 들려줄 차례가 된 것 같군. 허나, 오늘은 늦었으니 다음에 만나서 이야기를 나누도록 하세."

헛된 꿈

아브람이 그의 아내 사래와 조카 롯과 하란에서 모은 모든 소유와 얻은 사람들을 이끌고 가나안 땅으로 가려고 떠나서 마침내 가나안 땅에 들어갔더라 ... 아브람의 일행 롯도 양과 소와 장막이 있으므로 그 땅이 그들이 동거하기에 넉넉하지 못하였으니 이는 그들의 소유가 많아서 동거할 수 없었음이니라 그러므로 아브람이 가축의 목자와 롯의 가축의 목자가 서로 다투고 또 가나안 사람과 브리스 사람도 그 땅에 거주하였는지라 (개정, 창세기 12:5, 13:5~7)

"야, 네 주인이 아브람이면 다냐? 여긴 우리가 먼저 자리 잡은 곳이라고!"

"웃기고 있네, 네가 이 땅 주인이냐? 값을 치르기라도 했어? 지금 양 먹일 풀 있는 곳이 여기뿐인데 어쩌라고? 너희가 키우는 가축들도 사실 아브람님이 네 주인에게 나눠 주셨던 것을 몰라서 그래?"

아브람은 자신의 종들과 롯의 종들이 다투는 모습을 물끄러미 바라보았다.

"엘리에셀."

"네, 주인님."

"저기 다투고 있는 종들에게 가서 좀 더 먼 곳에 양을 먹일 풀이 있는지 찾아보라고 일러주게. 혹, 먼 길이 될 수도 있으니, 먹을 것과 마실 것을 충분히 챙겨주도록 하게나."

엘리에셀이 종들에게 다가가서 아브람의 말을 전하자, 그들이 아브람을 바라보았다. 아브람이 고개를 끄덕이자 종들이 분이 풀리지 않은 듯 침을 세차게 뱉고 땅에 발길질을 하더니 양떼를 이끌고 이동하는 것을 볼 수 있었다.

"그래, 분이 날만 하지."

"삼촌, 무슨 일 있으세요?"

"아, 롯, 상의할 일이 있네."

불쑥 나타난 롯은 아브람의 무릎 아래 앉아 그에게 양유(羊乳)를 건넸다. 저 만치에서 롯의 어린 딸들이 깔깔대며 뛰노는 소리가 들렸다. 아브람은 신선한 양유를 한 모금 들이켰다.

"하나님께서 우리에게 참으로 많은 복을 주셨네. 이리도

은금과 육축이 풍부하니 말이야."

"네, 맞습니다. 모두 하나님의 은혜이죠."

"그런데, 이 땅이 우리 모두의 복을 담기에는 좁은 모양
이네. 가축을 먹일 땅이 부족하여 우리네 목자와 자네들 목
자가 다투는 것을 보았네. 게다가 가나안 사람과 브리스 사
람도 이곳에 거하니 가축을 먹일 곳이 점점 더 부족해질 것
같네."

"아, 네, 저도 아까 종들이 싸우는 것을 들었습니다."

"그래서 말일세, 우리는 한 가족인데 내 목자와 자네의
목자가 서로 다투게 하지 않았으면 좋겠네. 그래서 말인데,
이제 나와 자네가 서로 독립하는 것은 어떨까하네."

롯은 기다렸다는 듯 말을 이었다.

"아, 저도 비슷한 생각을 했습니다. 사실, 저는 이렇게 떠
돌아다니는 것이 좀 불안했거든요. 자리 잡고 정착해서 도시
를 세우고 싶다는 생각을 했습니다. 물론, 삼촌과 함께 각자
좋은 땅을 선택해서 말이지요."

의기양양한 롯의 의견에 아브람은 양유를 한 모금 들이키
며 대답했다.

"내가 이렇게 유목 생활을 하는 것은 이것을 좋아해서가
아닐세. 하나님께서 명하신 대로 움직일 뿐이지. 만약 정착

하라고 말씀하신다면야 정착하겠지만 말이다. 아직은 내게 정착해서 도시를 세우는 것을 명하셨다는 생각은 들지 않아서 말이야."

롯은 머리를 긁적였다.

"하지만, 하나님이 약속하신 대로 민족을 이루려면 자리를 잡는 게 효과적이라고 생각해요. 전에 애굽에서도 보셨잖아요. 그 위대한 왕국을. 하나님의 약속을 속히 이루기 위해서라도 자리를 잡아야겠다는 생각이 들더군요."

아브람은 순간 얼굴을 붉혔다. 기근으로 잠시 애굽에 내려갔을 때, 아내를 뺏기고 죽임을 당할까 두려워 사래를 누이라고 속였던 사건 때문이었다. 그 거짓말로 인해 바로가 사래를 그의 아내로 취할 뻔 했지만, 다행히 하나님이 개입하셔서 아내를 되찾을 수 있었다. 이는 부끄러운 기억임에 틀림이 없었다. 하지만, 얼굴이 붉어진 것은 부끄러움 때문만은 아니었다. 하나님의 뜻을 빙자하여 자신의 뜻을 관철하려는 롯에 대한 안타까움 때문이었다. 하지만, 롯의 마음을 바꾸는 것은 아브람의 몫은 아니었다.

"그렇게 생각했구나, 하나님의 뜻은 하나님의 때에 하나님의 방법으로 이루실게다. 그래, 그럼 너는 어디로 가고 싶니? 네가 왼편으로 가면 나는 오른편으로 가고, 네가 오른편으로 가면 나는 왼편으로 가도록 하마."

"아, 삼촌, 그래도 괜찮으시겠어요?"

"음, 어디든 하나님이 계시면 바로 그곳이 하나님 나라가 아니겠니?"

"하하, 역시, 삼촌은, 그럼 저는 요단들로 가겠어요! 그곳엔 소돔과 고모라라는 도시도 있고, 또 소알에 이르기까지 온 땅에 물이 넉넉하여 자리 잡기에 좋을 것 같아요. 애굽 땅 못지않은, 진정 하나님의 동산이 있다면 바로 그러할 것입니다!"

롯은 신이 나서 이야기했지만, 아브람은 소돔 사람에 대한 소문을 들은 지라 걱정이 되었다.

"소돔 사람이 악하다고 들었는데 괜찮겠니?"

"사람 사는 게 다 그렇죠, 오히려 도시에는 아이들 공부를 가르쳐주는 교사들도 있다고 들었습니다. 뭐. 어디든 하나님께서 함께하시니 괜찮을 거예요."

아브람은 자못 불편한 마음이 들었지만, 롯을 축복하며 보내주었다.

롯이 눈을 들어 요단 지역을 바라본즉 소알까지 온 땅에 물이 넉넉하니 여호와께서 소돔과 고모라를 멸하시기 전이었으므로 여호와의 동산 같고 애굽 땅과 같았더라 그러므로 롯이 요단 온 지역을 택하고 동으로 옮기니 그들이 서로 떠난지라 아브람은 가나안 땅에 거주하였고 롯은 그 지역의 도시들에 머무르며 그 장막을 옮겨 소돔까지 이르렀더라 소돔 사람은 여호와 앞에 악하며 큰 죄인이었더라

(개정, 창세기13: 10~13)

• • • • •

총리가 이야기를 마치고 소년에게 물었다.

"자네가 아브람이라면 마음이 어땠을까?"

"사실, 롯은 아브람보다 젊고 건강했을 것이고, 또 롯의 부유함도 아브람이 나눠준 것으로부터 이뤄진 것인데, 롯이 좋아 보이는 땅을 차지하겠다고 하니 좀 섭섭했을 것 같아요. 만약, 제가 롯이었다면 저는 아직 젊으니 제가 새로운 땅을 개척하겠다고 할 것 같아요."

"그랬다면 롯의 운명이 바뀌었을지도 모르지. 롯은 결국 비참한 결말을 맞이하게 되거든."

소년의 눈이 휘둥그레졌다.

"만약, 롯이 자네처럼 말했다면 아브람은 뭐라고 대답했

을까?"

소년은 목소리를 낮게 깔며 대답했다.

"흠, 롯, 마음만도 고맙네. 하지만, 나는 경험이 풍부하니, 자네가 원하는 땅을 고르도록 하게."

"하하하, 정말 아브람 같군."

소년은 멋쩍은 듯 코를 훔치며 질문을 던졌다.

"만약, 그래서 결국 롯이 소돔의 땅으로 가게 되었다면 어차피 같은 결말에 도달하게 되는 것 아닐까요?"

"자네는 아브람의 선택과 롯의 선택이 어떻게 다르다고 생각하나?"

소년은 고개를 갸우뚱거리며 입술을 모아 내밀었다. 요셉은 턱을 쓰다듬으며 미소를 건넸다.

"롯은 '자신을 복되게'하는 선택을 했고, 아브람은 '롯을 복되게'하는 선택을 한 것이 아닐까?"

소년은 머리를 망치로 얻어맞은 듯, 복이라는 단어에 꽂혀버렸다. 하나님을 이해하는, 하나님의 사람을 이해하는 새로운 관점을 얻은 것 같았다.

"우리가 우리 자신을 사랑하는 것은 자연스러운 일일세. 하나님이 이토록 만족하며 지으셨는데 어찌 스스로도 사랑스럽지 않을 수 있겠나? 오히려 자신을 사랑할 수 없다면 불행

한 게지. 다만,"

"다만?"

"나를 진정으로 사랑하고, 나를 진정으로 만족시키는 방법은 하나님과 이웃을 사랑하는 것, 이웃을 복되게 하는 것일세. 아이러니하지만, 하나님과 이웃을 사랑하는 것이 곧 나를 사랑하는 참된 방법인 게지. 참으로 기가 막힌 설계 아닌가? 하하, 자네도 분명 그런 경험이 있을걸?"

소년은 자신이 정말 괜찮은 사람이라고, 멋진 사람이라고 느꼈던 순간이 떠올랐다. 그것은 다름아니라 부모님의 일을 거들어 드리고, 동생들에게 자신의 간식을 나누어 주었을 때였다.

"아브람은 하나님의 약속을 적극적으로 따른 것이라 생각하네. 아브람이 복이 될 것이라는 약속말일세. 아브람은 롯의 복이 되고자 했던 것이지. 그래서, 롯을 하란에서 데리고 나왔고, 재산을 나누었을 뿐만 아니라, 가고자 하는 땅을 먼저 선택하도록 배려한 것이라고 생각하네. 그런데, 여기서 생각해 볼 것이 하나가 더 있네."

소년은 무릎을 모으며 그를 향했다. 총리의 눈빛이 자못 진지해졌다.

"그 이야기는,"

"네, 그 이야기는?"

"내일 이어서 하도록 할까?"

소년은 그의 장난에 두 팔을 번쩍 들며 어이가 없다는 듯한 표정을 지었다.

이제 소년에게 그는 더 이상 애굽의 전설적인 존재만은 아닌 듯했다.

•　•　•　•　•

소년이 총리의 집무실에 가려면 줄지어 있는 곡식창고를 지나가야만 했다. 직접 눈으로 보지 않고는 이 세상에 존재할 것이라 여겨지지 않을 만한 거대한 곡식창고와 그 앞에 구름 떼처럼 몰려 있는 군중들이 장관을 이루었다. 대 애굽의 총리, 살아있는 전설이나 다름없는 그 사브넷바네아가 아니었다면 기근이 수년간 계속되는 상황에서 이렇듯 곡식을 마주할 수 없었을 것이었다. 그리고 그는 이 모든 것이 그의 신이 주신 지혜요, 은혜라고 증거했다. 애굽의 신이라고 불리는 바로 조차도 인정한 사브넷바네아의 하나님 말이다. 우리는 그를 전설이라 부르지만, 그는 아마도 그렇게 불리는 것을 싫어할지도 모른다는 생각이 들었다.

소년은 이내 하늘을 바라보았다. 아브람도 이렇게 하늘을 바라보았을까? 갑자기, 시야에 벌 한 마리가 윙 하고 날아들었다. 소년은 깜짝 놀라 손을 휘저었다. 벌은 소년의 주변을 윙윙 돌더니 이내 꽃 위에 살포시 앉아 꿈틀꿈틀 거렸다. 아마도, 꿀을 먹는 것이리라. 이렇게 벌이 앉았던 꽃은 꽃잎이 떨어지고 나면 씨앗을 품은 열매를 맺는다. 그 열매가 땅에 떨어져 새싹이 자라고 꽃이 피면 벌은 또 그 꿀을 먹고, 꽃은 다시 열매를 맺는다. 이 모든 순환, 조화가 신비롭게 느껴졌다. 오늘따라 벌과 꽃이 유난히 예뻐 보였다. 가치 있는 것은 누군가의 사랑이 담긴 것이라는 아브람의 이야기가 떠올랐다.

벌과 꽃을 유심히 바라보던 소년의 시야에 또 다른 형형색색의 꽃들이 들어왔다. 고개를 조금 드니, 꽃들이 피어난 들과 곳곳에 다양한 모습으로 자라난 나무들이 보였다. 일어서서 바라보니 푸른 들판과 맑은 하늘이 보이고, 이 공간이 만들어 낸 여백을 채우려는 듯 이따금씩 뛰어오르는 작은 벌레들과 재잘대며 서로를 쫓듯 날아다니는 작은 새들이 보였다. 그리고 소년 자신도 이 광경에 이미 그렇게 약속된 듯 조화롭게 존재하고 있다는 사실을 느끼고 있었다.

'한 폭의 그림 … 같다.'

소년은 생각했다.

'이 모든 것은 한 폭의 그림처럼, 원래 이렇게, 아름답고, 조화롭게 여기에 있는 것이구나.'

그리고 그것은 누군가의 의도가 분명함을 알 수 있었다. 그림에 작가가 있듯, 이 세상도 창조자가 있으리라. 그리고 이러한 의도를 가진 그는 참 좋은 존재일 것이라는 생각이 들었다. 소년은 되뇌었다.

'아브람의 하나님이라 ……'

• • • • •

"안녕하세요, 사브낫바네아!"

"요셉이라 부르게."

"네?"

"사브낫바네아라든지, 총리님이라든지, 영 너무 무거워서 말이지. 우리 가족들은 나를 요셉이라 부른다네."

"아아, 그렇지만……."

"그러니까."

"아, 네, 요... 요... 요셉."

"발음을 정확히 해야지, 입술을 이렇게. 요셉."

"요셉."

요셉은 만족한 듯 미소를 지었다.

"어제 롯의 이야기 중 생각해 볼 것이 하나 더 있다고 했는데, … 아브람은 하나님에 대한 믿음으로 행동했지만, 롯은 자리를 잡고 정착해야 안정될 수 있다는 다른 믿음대로 행동했다는 것 일세."

"다른 믿음…"

소년은 문득 아직 하나님은 잘 모르지만 자신에겐 어떤 믿음들이 있을까 하는 생각이 들었다.

"사람은 자신이 믿는 대로 행동하지, 그래서 무엇을 믿느냐가 참 중요한 것일세. 그런데 아브람은 하나님을 믿기로 결정했고, 그 믿음대로 살아갔네. 물론, 그럼에도 불구하고 믿음이 적어 넘어진 적도 있었지만 말일세."

"그런데, 롯은 자리 잡고 정착해야 안정적이고 부유한 삶을 지속할 수 있을 것이라고 믿었던 것이군요?"

"그래, 바로 그것 일세. 그런데, 그 믿음이 롯을 완전히 망가뜨리고 말았지."

소년은 요셉의 이야기가 이어지길 기다렸다. 요셉은 뜨거운 차를 조심스럽게 홀짝이고는 말을 이어나갔다.

"롯은 가나안 왕들의 전쟁으로 인해 큰 곤욕을 치렀어.

그래서 아브람이 사병을 끌고 롯과 그의 가족들을 구해주고 빼앗긴 모든 것을 되찾아오는 일이 있었다네."

"이런, … 제가 그런 일을 겪었다면 …"

"오, 그래, 자네가 롯이라면 이 경험을 통해 무엇을 얻었을 것 같나?"

"도시를 세우고, 정착하여 사는 것이 결코 안전하지 않다는 것을 깨달았을 것 같아요."

"나도 그렇게 생각하네. 롯이 그런 깨달음을 얻었는지는 모르겠지만, 롯은 그 이후로도 소돔 땅에 계속 거주했다네. 진저리나는 경험을 했기에 도시를 떠나고 싶었을 법도 한데 말이야. 혹은, 떠나는 것을 주저하게 할 만한 뭔가가 있었겠지. 여하튼 롯의 믿음은 쉽게 무너지지 않았던 모양일세. 그런데, 드디어 그 날이 오고야 말았지."

"그 날이요?"

"하나님께서 악이 가득한 소돔 땅을 심판하고자 하신 게야. 아브람이 롯을 생각하여 하나님께 중재의 기도를 드렸지만, 의인 10명도 찾을 수 없던 그 땅은 결국 심판을 받게 되었네."

"그럼, 롯은 그 심판에 죽고 말았던 건가요?"

"아니, 하나님은 롯을 기억하셨네. 하나님의 사자를 보내

롯을 구원하셨지. 멸망 직전에 롯을 꺼내시고, 롯의 간절한
요청으로 가까운 소알로 피할 때까지 기다려 주시기까지 했
다네. 그리고는 하늘에서 불과 유황을 내려 소돔을 완전히
멸망시키셨지."

"아, 다행히 롯은 살아났군요."

"그런데, 뒤를 돌아보지 말라는 천사의 경고에도 불구하
고 롯의 아내는 뒤를 돌아보아 소금기둥이 되었다네."

"엣, 소금기둥이요?"

"그녀가 정말 소금기둥이 되었는지, 은유적인 표현인지는
알 길이 없네만, 그것이 뒤를 돌아본 그녀의 마지막이었던
것은 틀림없네."

소년은 고개를 끄덕였다.

"그런데 롯은 두려움에 사무쳐 그의 두 딸과 함께 동굴로
들어갔다네. 그리고 그곳에서 술에 취해 지내었지. 심지어
자손을 이어가려는 딸들의 계획에 넘어가 인사불성이 되도록
술을 마시고는 딸들과 동침해 자녀를 낳는 지경에 까지 이르
고 말았다네. 이후에 롯이 어떻게 되었는지는 전해지지 않고
있어서……. 그것이 롯의 마지막인 셈이지."

"음 …"

소년은 롯의 비참한 결말에 할 말을 찾을 수 없었다. 요

셉은 다시 차를 한 모금 들이켰다.

"그의 마지막은 믿음이 무너진 자의 모습이라고 할 수 있지 않을까? 그리고, 더 안타까운 것은 소돔의 마지막을 보고서도 자신의 믿음을 버리지 못했기에 결국 동굴에서 생을 마감한 것이라고 생각하네."

소년은 알듯말듯한 표정으로 요셉을 바라보았다.

"어제 자네가 물어보았지, 만약 롯이 아브람의 제안을 거절했다손 치더라도 결국 소돔에 머물게 되었다면 마찬가지가 아니었겠냐고?"

"아, 네, 맞아요. 결국 소돔은 멸망되었겠죠."

"그랬을 거야. 하지만, 롯이 소돔에 머물렀더라도, 하나님에 대한 믿음, 약속에 대한 믿음이 있었다면 결과는 많이 달라졌을 것 일세. 아마도 롯은 소돔 멸망 후에 아브람을 찾아갈 수도 있었을 게야. 그리고 재기의 기회를 얻을 수도 있었을 것이네. 또는 소돔이 멸망하기 전에 그 땅을 떠났을지도 모르지."

소년이 요셉의 말을 이었다.

"하지만, 롯은 자신이 이루어 온 모든 것, 믿음의 대상을 잃어버렸고, 믿음의 대상을 잃어버렸기에 더 이상 재기할 수 없다고 생각했던, 아니 믿었던 것이군요. 결국 그 믿음을 끝까지 버리지 못한 것이네요."

요셉은 무릎을 탁 치며 수긍했다.

"그래서 롯은 아마도 마음의 병을 크게 얻었을 거야. 그래서 술로 하루하루를 보낸 것이 아닐까 생각하네."

"많은 사람들이 그런 자신 만의 믿음을 가지고 살아가고 있을 텐데요."

"맞아, 그것을 알아차리는 것이 중요하다네. 우리에게 진정한 평안, 참된 삶의 방향을 제시해 주실 수 있는 분은 하나님뿐이지."

"음, 저는 앞으로 그런 믿음을 '롯의 믿음'이라 이름 짓고, 하나씩 떠오를 때마다 적어보아야 겠어요."

"그것 참 좋은 생각이군."

요셉의 대답에 소년이 어깨를 으쓱했다.

"롯은 불행히도 하나님의 약속을 상속받지 못했지만 …"

"약속의 상속이요?"

"자네도 들었다시피, 고센 땅에 거주하는 우리 가족들은 아브라함의 약속을 상속했다고 믿고 있네. 그리고 자네는 그것이 도대체 현재를 살아가는 자신의 삶에 무슨 의미가 있냐고 질문했었지."

"아, 네, 맞습니다. 그런데, 약속도 상속되는 것이군요."

요셉은 고개를 끄덕였다.

"롯은 하나님의 약속을 상속받지 못했지만, 아니, 상속받지 않았지만, 아브람의 아들 이삭은 하나님의 약속을 상속받았다네."

"이삭?"

"나의 할아버지이시지."

"아, 아브람이 100세에 얻었다던 독자 이삭 말씀이시군요!"

이는 소년이 히브리인의 역사에 대해 얼마나 많은 관심을 가지고 있는지 알 수 있는 대답이었다. 지난 번에 만났던 히브리 소년에게 100세에 얻은 아들에 대한 이야기를 들었을 때는 콧방귀를 뀌었지만, 지금은 아니었다.

"그걸 어떻게 알고 있었나?, 그래, 다음엔 할아버지 이야기를 나눠보도록 하세."

요셉과 소년은 함께 창밖을 바라보았다. 끝없이 펼쳐진 하늘, 저 하늘보다 더 넓은 마음을 지니신 이가 한 없는 평안을 가져다주는 듯 느껴졌다.

복의 상속

> 하나님이 아브라함을 시험하시려고 그를 부르시되 아브라함아 하시니 그가 이르되 내가 여기 있나이다 여호와께서 이르시되 네 아들 네 사랑하는 독자 이삭을 데리고 모리아 땅으로 가서 내가 네게 일러 준 한 산 거기서 그를 번제로 드리라 (개정, 창세기 22:1,2)

　100세가 훌쩍 넘은 아브라함에게 산행은 녹녹치 않은 일이었다. 이삭은 힘겹게 산을 오르고 있는 아버지를 바라보았다. 산행이 힘들어서인지, 한참 말이 없는 아브라함에게 조심스레 말을 걸었다.

"아버지."

"응?"

아브라함은 차분한 목소리로 대답했다.

"불과 나무는 있는데 번제로 드릴 어린 양은 어디에 있나요?”

소년 이삭은 아버지 아브라함에게 자신이 지고 있는 나뭇
가지들을 들썩여 보이며 물었다.

“아들아, 번제할 어린 양은 하나님이 자신을 위해 친히
준비하실 거란다.”

이삭은 아버지의 말씀에 고개를 끄덕였다. 아버지의 하나
님이라면 충분히 그렇게 하실 수 있는 분이라는 생각이 들었
다. 하지만, 이번 여행은 이삭에게 의아한 것이 많은 여행이
었다.

삼일 전. 막 동이 트기 시작한 새벽녘에 아브라함이 갑자
기 이삭을 깨워 외출 준비를 재촉했다. 어머니 사라도 아버
지의 채비를 도우며 조심스레 이번 여행에 대해 물었다.

“여보, 무슨 일로 이렇게 급하게 떠나시는 건가요?”

“그냥, 아들하고 짧은 여행을 다녀오려는 것이요, 걱정하
지 말아요.”

“어디로 가시는데요?”

“모리아산으로 가오. 한 삼일 거리 될 쯤 싶은데, 그 정도
면 우리 아들하고 이런 저런 이야기를 충분히 나눌 수 있겠
지. 그렇지 이삭아?”

이삭은 아직 잠도 채 깨지 않아 눈을 비비며 건성으로 고개를 끄덕였다. 사라는 무언가 심상찮음을 느꼈다. 하지만, 이 순간만큼은 아브라함을 그저 신뢰해 주어야 할 것 같았다. 사라는 이삭의 옷매무새를 매만지고는 허리끈을 단단히 묶어 주었다.

"그리고, 이참에 이삭과 함께 하나님께 번제도 드리고자 하오."

함께 여행을 떠나게 될 두 사환이 번제에 쓸 쪼갠 나무를 나귀의 안장에 얹고 있었다. 사라가 아브라함의 옷매무새도 만져주며 어깨 너머 들판을 바라보았다.

"번제드릴 양을 골라드려야겠군요."

사라는 아브라함의 흔들리는 눈빛을 못 본 체했다. 아브라함의 눈빛이 편안해졌을 때 즈음, 사라는 아브라함과 눈을 맞추었다.

"번제로 드릴 어린 양은 하나님이 자신을 위해 친히 준비하실게요."

사라는 마지못해 고개를 끄덕였다.

"그럼, 다녀오리다."

"어머니, 다녀올게요."

아브라함은 반나절 동안 말이 전혀 없었다. 아브라함의 곁을 걷던 이삭은 계속 아버지의 눈치를 살폈다. 입을 꾹 다물고 걷더니 갑자기 무어라 중얼중얼하는 것도 같고, 하여간 평상시의 아버지 같지 않은 모습이었다. 이삭은 먼저 말을 걸어보고 싶었지만, 분위기가 심상치 않았다.

"음, 이삭, 왜 아무 말도 하지 않니?"

갑자기 말문을 연 아브라함의 말에 이삭이 폭소를 터뜨렸다.

"하하하, 아버지 그게 무슨 말씀이에요. 큭큭, 아이고 배 아파라. 큭큭."

"아니, 뭐가 그렇게 웃기니?"

"하루 종일 무슨 심각한 일이 있으신 것처럼 말씀도 한마디도 안 하시고, 혼자 중얼중얼 뭐라고 하시더니, 갑자기 저에게 왜 아무 말도 하지 않냐고 하시니까 그냥 막 웃음이 나오네요, 제가 너무 크게 웃었죠? 죄송해요. 큭큭큭."

그제야 상황을 이해한 아브라함은 크게 웃었다. 아브라함은 갑자기 이삭의 옆구리를 간질였다. 이삭은 이리저리 피하며 웃음을 멈추지 못했다.

"하하하하, 아버지 그만요, 그만요 ~"

두 사환도 질세라 이삭을 뒤쫓으며 함께 간질였다. 결국 바닥에 넘어져 바둥거리던 이삭은 항복을 외쳤다.

"항복, 항복~ 하하, 자식 이기는 아버지는 우리 아버지뿐이에요~."

아브라함은 이삭을 일으켜 세웠다. 이삭의 눈높이에 맞게 무릎을 꿇은 아브라함은 이삭의 옷에 묻은 흙먼지를 떨었다.

"이삭아, 하나님이 아버지에게 처음으로 나타나셨던 이야기를 기억하니?"

"물론이죠, 아버지께서 해준 하나님 이야기를 다 기억하고 있어요."

아브라함은 잠시 생각하고는 다시 말을 이었다.

"그럼, 네가 어떻게 태어났는지 이야기를 해주었던가?"

"그럼요, 해주셨어요. 만약 말씀해 주지 않으셨더라면, 전 아버지를 할아버지로 생각하고 살았을지도 몰라요, 큭큭."

백발이 성성한 아브라함은 어린 아들 이삭의 머리를 쓰다듬었다.

"그 이야기가 너에게 어떤 교훈을 주었는지 알고 싶구나."

이삭은 아버지의 손을 잡고 걸으며 자신의 생각을 말했다.

"음, 아버지는 항상 저에게 말씀하셨죠. 바로 내가 복이라고, 그리고 그 복이 저를 통해 이루실 모든 민족에게 미치게 될 것이라고요."

아브라함이 고개를 끄덕였다.

"또 하나 결코 잊지 말아야 할 것이 뭐라고 했지?"

"안 그래도 그것에 대해 말씀드리려고 했어요. 끝까지 인
내해야 한다는 것."

아브라함은 빙그레 미소를 지었다.

"하나님은 너무나 좋으신 분이시고, 또 약속은 반드시 지
키는 분이시기에 끝까지 인내하면 하나님이 일하시는 것을
볼 수 있다고 하셨었죠."

"그래 맞다. 나와 어머니는 하나님의 말씀이 빨리 이루어
지지 않아, 조급한 마음에 끝까지 인내하지 못했단다. 하나
님보다 내 상식에 대한 믿음이 더 컸던 탓이지."

"그래도, 하나님은 약속을 이루셨고요. 바로 제가 태어난
거죠."

"그래, 그래서 약속은 내가 아니라……."

"하나님이 이루어 가시는 거죠. 하지만, 우리의 순종을 통
해 일하시죠."

아브라함은 척척 대답하는 이삭이 기특했다.

"그런데, 이삭아."

"네?"

잠시 뜸을 들인 아브라함은 이삭의 어깨를 짚으며 말을 이었다.

"하나님께서 만약에 우리의 목숨을 원하신다면, 우리에게 주신 약속은 어떻게 되는 걸까? 우리가 죽어 없어지면 더 이상 순종할 수가 없는데, 어떡해야 하지?"

"음……."

아브라함은 이삭이 대답할 때까지 기다렸다.

"아마도, 하나님은 죽기로 결정한 순종을 통해 뭔가 일을 하지 않으실까요?"

아브라함은 걸음을 멈추고 이삭을 두 손을 꼭 쥐었다.

"그러시겠지? 하나님은 내가 있든 없든 어떻게든 약속을 이루어 가실게다. 전능한 하나님이시니까. 내가 항상 말하던 대로, 하나님의 생각은 우리의 생각과 다르니까 말이다."

이삭은 아버지의 따뜻한 사랑에 섞여 있는 알 수 없는 긴장감을 느꼈다.

"아버지, 또 다른 이야기 해주세요."

"소돔과 고모라의 이야기를 기억하니?"

"네, 하나님께서 유황불을 비처럼 내리셔서 소돔과 고모라를 멸망하신 이야기요?"

"그곳이 멸망하기 전에 그곳에 살던 롯 삼촌이 납치를 당해서 아버지가 구출한 적이 있었단다."

"우왓, 재밌겠다. 어서 이야기 해주세요."

"그래, 그래."

아브라함과 이삭의 즐거운 대화는 멈출 줄을 모르고 계속 되었다.

함께 길을 걸은 지 삼일 정도 되었을 때, 아브라함은 하나님께서 명령하신 장소에 다다랐다. 아브라함은 아직 멀리 떨어져 있는 모리아 산을 바라보았다. 그는 두 사환과 이삭을 번갈아 보며 말했다.

"자네들은 이곳에 남아있게, 여기서부터는 아들과 함께 가서 경배하고 돌아오겠네."

아브라함은 번제에 쓸 나무를 취해 이삭에게 지고 가도록 했다.

"무겁지 않니?"

"괜찮아요, 이 정도 쯤이야."

하지만, 모리아 산행은 만만치 않았다. 아브라함과 이삭은 한 동안 말문을 열지 않고 산을 오르고 있었다. 머리에 흐르는 땀을 닦으며 이삭이 먼저 입을 열었다.

"휴, 아버지."

"응?"

"불과 나무는 있는데 번제로 드릴 어린 양은 어디에 있나요?"

소년 이삭은 아버지 아브라함에게 자신이 지고 있는 나뭇가지들을 들썩여 보이며 물었다.

"아들아, 번제할 어린 양은 하나님이 자신을 위해 친히 준비하실 거란다."

이삭은 아버지의 하나님이라면 충분히 그렇게 하실 수 있는 분이라는 생각이 들어 고개를 끄덕였다.

"아이고, 나무도 좀 준비해 주시지. 엄청 무겁네요."

사실 무거운 것은 나무가 아닌, 아버지의 침묵이었다. 이삭은 이 무거운 분위기를 벗어나고자 농담을 던졌지만, 나무의 무게와는 비교할 수 없는 아버지의 침묵 때문에 불길한 생각을 지울 수 없었다.

산 정상에 도착하자 이삭은 잠시 나뭇가지들을 내려놓고 그 위에 걸터앉아 땀을 훔쳤다. 아브라함은 적당한 자리를 찾지 못한 듯 이삭을 힐끔힐끔 쳐다보며 이리저리 돌아다녔다. 이삭이 숨을 다 돌렸을 때쯤, 아브라함이 다가갔다.

"자, 이곳에서 하나님께 번제를 드리면 좋을 것 같다."

이삭은 나뭇짐에서 내려와 능숙하게 쓸 만 한 돌을 골라

단을 쌓기 시작했다.

"하나님께서 단을 쌓기에 충분한 돌을 준비해 주신 것 같아요. 아버지, 그건 그냥 두세요. 제가 옮길 게요."

이삭은 제법 큰 돌을 아버지 대신 옮겼다. 이삭과 함께 단을 쌓던 아브라함은 잠시 숨을 돌리며 열심히 단을 쌓고 있는 이삭을 바라보았다.

"이삭아, 그 정도면 되었다."

아브라함은 완성된 단 위에 이삭이 지고 온 나무를 벌여 놓았다.

"이제 다 준비가 된 것 같구나."

"그럼, 이제는 제물을 바칠 순서이군요."

아브라함은 이삭의 눈높이를 맞추기 위해 무릎을 꿇었다. 아브라함은 사흘이 지나도록 자신의 믿음이 흔들리지 않았음에 감사했다. 그리고 그 사흘 동안 이삭과 하나님에 대해 충분히 나눌 수 있었음에 감사했다. 그가 아버지로서 줄 수 있는 가장 큰 선물을 줄 수 있었음에 감사했다. 아브라함은 이삭의 어깨를 짚으며 이삭의 눈을 바라보았다. 아브라함은 심히 떨리는 목소리로 입을 열었다.

"이삭아, 삼 일 전에 하나님께서 아버지에게 오셨단다."

"..."

"그리고, 하나님은… 너를…"

"…"

아브라함은 더 이상 말을 이어갈 수 없었다.

"아버지, 제가 감당할 만한 일일 거라고 믿어요. 괜찮아요, 말씀하세요."

아브라함은 놀란 듯, 아들 이삭을 바라보았다. 하지만, 손의 떨림은 감출 수 없었다.

"하나님은 사흘 전에 나를 찾아오셔서 … 이곳 모리아 땅으로 와서 너를 … 번제로 드리라고 하셨다."

이삭은 흠칫 놀랐다. 무언가 있을 것이라 생각했지만, 이것은 생각지 못한 것이었다. 아버지를 떠나야 한다거나, 뭔가 새롭고 힘든 역할을 부여받지 않을까 생각했다. 그런데, 죽음, 그것도 아버지에 의한 죽음이라니. 하지만, 아버지가 이 사실을 삼일이나 지고 오셨다고 생각하니 지금 자신이 느끼는 당혹감이 오히려 작게 느껴졌다.

"아버지."

"응?"

"이해할 수 없는 명령이네요."

"그렇지, 너를 통해 약속을 이루신다 하셨는데 말이다…"

"명령을 반드시 이해해야 하는 것은 아니지만요."

아브람이 눈을 크게 뜨고 이삭을 바라보았다.

"명령은 그 명령이 무엇인가 보다, 그 명령을 한 것이 누구인가가 중요하지요."

아브람은 이삭의 견고한 믿음을 마주하고 있었다. 아브라함은 아니, 이삭은 결심했다. 그래, 하나님이라면. 떨리던 아브라함의 손이 멈췄다.

"저는 이 산행이 평범한 여행이 아니라는 것을 느낄 수 있었어요. 그래서 오는 내내 생각했지요. 아버지가 저에게 하고자 하시는 말씀 혹은 일은 무엇일까? 그리고, 기도했어요. 내가 어떻게 행동해야 할지. 그런데, 한 가지가 분명해지더라고요. 내용이 중요한 것이 아니라, 누구인가가 중요하다는 것."

"하나님께서 네 기도에 응답하셨구나."

이삭은 고개를 끄덕였다.

"많이 아플까요?"

아브라함의 눈에 뜨거운 눈물이 고였다.

"아버지는 순종하실 거죠?"

입을 꾹 다문 아브라함의 눈물이 소리를 죽인 채 또르르 흘러 이삭의 발 앞에 떨어졌다.

"아버지는 정말 하나님을 사랑하시는군요. 저도 하나님을 사랑해요. 그리고 믿어요. 아버지보다도, 저 자신보다도."

아브라함은 이삭을 천천히 하지만, 그 어느 때보다도 강하게 껴안았다. 아버지의 어깨에 얼굴을 묻은 이삭은 자신의 믿음을 고백했다.

"그리고, 제가 죽어도 저를 통해 약속을 이루실 것을 믿어요. 아버지의 하나님은 그럴 수 있는 분 이시니까요."

이삭을 일으켜 세운 아브라함은 그의 눈을 가렸다. 그리고 단에 벌여 놓은 나무 위에 뉘였다. 이삭이 고통에 몸부림칠 수도 있었기에, 아브라함은 할 수 있는 한 단단하게 이삭을 묶었다.

아브라함이 일어서서 자신의 허리춤에 묶여 있는 단검의 손잡이를 꼭 쥐었다. 이삭은 준비가 되었을까. 눈이 가려진 채 이를 악문 이삭을 보며 아브라함은 칼을 꺼내어 두 손으로 잡고 머리 위로 높게 들었다. 아브라함은 이삭에게도 하나님에게도 자신에게도 아무 말도 하지 않았다. 이제 그는 이 순종에 어떠한 아쉬움도 의심도 없었다. 자신이 복이 되리라고 한 전능한 존재 앞에서 그가 할 일은 "왜"라고 묻는 것이 아니라, "예"라고 대답하는 것뿐임을 잘 알고 있었고, 그는 이미 하나님께 대답을 드렸기 때문이었다.

아브라함은 심호흡을 한 뒤 모든 힘과 정신을 칼끝에 집중했다. 칼끝은 정확히 이삭의 심장을 향하고 있었다. 실수는 이삭의 고통을 더할 뿐이었다. 입을 꾹 다문 아브라함은 다시 한 번 자신의 믿음을 확인하며 온 힘을 다해 칼을 내리꽂았다.

"아브라함아! 아브라함아!"

"어이쿠!"

단검을 내리꽂던 아브라함은 급히 손을 거두며 이삭 위로 넘어졌다. 아브라함은 눈을 크게 떠 소리가 들린 곳을 바라보았다. 심장이 쿵쾅거렸다. 아니, 이 두근거림은 그의 것이 아니라, 그를 부르신 분의 것 같았다.

'분명히, 하나님[4]이 부르셨다!'

그는 지체하지 않고 소리쳤다.

"내가 여기 있나이다! 내가, 내가 여기 있나이다!"

이삭의 귀에 단검이 떨어지는 소리가 들렸다. 자신을 감싼 아버지의 손이 심히 떨리고 있음을 느꼈다. 아, 하나님이 아버지를 찾아오셨구나. 이삭의 눈에 뜨거운 눈물이 흘렀다.

"네 손을 대지 말라. 아무 일도 그에게 하지 말라!"

아브라함은 하나님의 음성이 떨리고 있음을 알았다. 아브라함은 뜨거운 눈물을 흘리며 무릎을 꿇었다.

---

4) (성경에서는) 하나님의 사자가

"네 아들, 네 외아들이라도 네가 아끼지 아니하였으니, 네가 하나님을 경외하는 줄을 이제 알았다!"

아브라함은 만감이 교차했다. 그는 다시 한 번 자신이 믿음을 지킬 수 있도록 도우셨음에 감사했다. 출발할 때는 삼일 길을 가는 동안 아들을 볼 때 마다 믿음이 흔들리면 어쩌나 하고 염려했지만, 그는 오히려 아들 덕분에 더욱 믿음을 견고히 할 수 있었다. 하나님을 경험한 이야기를 나누면 나눌수록 자신과 아들의 믿음이 견고해짐을 느꼈다. 그는 하나님께 감사의 예물을 드리고 싶었다.

"아버지, 아버지께서 하나님이 자신을 위해 제물을 준비하신다더니 양의 울음소리가 들리는 것 같아요!"

이삭의 외침에 뒤를 돌아보니 한 숫양이 수풀에 뿔이 걸려 버둥거리고 있었다. 아브라함은 서둘러 아들을 풀어 내려놓고는 양을 끌고 오도록 했다.

"그래, 하나님은 자신이 받을 제물을 이렇게 친히 준비하시는 분이란다. 우리는 마치 우리 것을 드리는 것으로 종종 착각하지만 말이다."

아브라함은 양을 결박했다. 그리고 제단 위에 양을 올려놓았다. 그리고 단검을 머리 위로 높이 쳐들었다. 양의 생명이 새삼 더욱 귀하게 느껴졌다. 다시, 아브라함의 눈에 뜨거운 눈물이 고였다. 칼을 힘껏 내리 꽂은 아브라함은 준비해 온 불을 붙여 번제를 드렸다.

"아브라함아!"

번제를 드리자 하나님의 사자가 다시 그를 불렀다.

"여호와의 말씀이다. 내가 나를 두고 맹세한다. 네가 이렇게 네 아들, 곧 네 외아들을 아끼지 않았으니 내가 반드시 네게 복을 주고 반드시 네 자손을 하늘의 별처럼, 바닷가의 모래처럼 많아지게 하겠다. 네 자손이 원수들의 성문을 차지할 것이다. 네가 내 말에 순종했으므로 네 자손을 통해 이 땅의 모든 민족들이 복을 받을 것이다."

• • • • •

소년은 뜨거운 눈물을 뚝뚝 흘렸다.

"아, 요셉, 아아, 요셉."

요셉은 건너편 의자에서 묵묵히 소년을 바라보았다.

"아, 하나님이 이삭을 바치라는 것은 정말 너무나 폭력적인 요구라고 생각했어요. 설사, 실제로 바치게 할 계획이 없었다해도 말이죠."

요셉은 가만히 소년의 찻잔에 물을 따랐다.

"그런데, 이 사건은 실은, 이삭을 위해 준비하신 것 같다는 생각이 들었어요."

요셉은 눈짓으로 소년이 말을 잇기를 종용했다.

"표면적으로는 아브람의 믿음을 증명하고, 그에게 약속을 주시기 위함이었지만, 결국 그 약속은 이삭이 상속할 약속이었고, 그렇기에 하나님은 이삭과 친밀하고 신뢰로운 관계를 맺기 원하셨을 것 같아요. 이런 경험은 정말이지 … 하나님과의 관계, 하나님 안에서의 서로의 관계를 완전히 바꾸었을 것 같아요."

"그리고, 삶의 목적, 삶의 방식 또한 바뀌었겠지."

소년은 격하게 고개를 끄덕였다.

"그럼, 이삭이 어떻게 살아가게 되었을까?"

"약속을 상속받았으니, 약속대로? … 너는 복이 될 것이다 …"

요셉이 소년의 어깨를 두드렸다. 힘을 얻은 소년이 말을 이었다.

"아브라함은 복이 될 것이라는 약속을 받았어요. 그러나 복이 되기를 마냥 기다리지 않았죠. 아브라함은 그 약속에 반응했어요. 그래서 복이 되려고 했죠. 롯에게 땅을 양보한 것이나, 롯을 구출한 것 모두 같은 맥락인 것 같아요."

요셉은 찻잔을 내려놓으며 소년을 일으켜 세웠다.

"바로, 그것이 하나님이 우리에게 주신 권세일세. 복이 될
수 있는 권세. 내가 자네를 이렇게 만나고 있는 것도 … "

"제게 복이 되어주시려는 것이군요."

요셉은 흐뭇한 미소를 지었다. 소년은 새삼 고개를 숙여
감사를 표했다.

"그럼, 이삭이 어떻게 살았는지 한 번 들어보게나."

복된 삶의 방식

아브라함 때에 첫 흉년이 들었더니 그 땅에 또 흉년이 들매 이삭이 그
랄로 가서 블레셋 왕 아비멜렉에게 이르렀더니 여호와께서 이상에게
나타나 이르시되 애굽으로 내려가지 말고 내가 네게 지시하는 땅에 거
주하라 ... 이삭이 그랄에 거주하였더니 ... 이삭이 그 땅에서 농사하여
그 해에 백 배나 얻었고 여호와께서 복을 주시므로 그 사람이 창대하
고 왕성하여 마침내 거부가 되어 양과 소가 떼를 이루고 종이 심히 많
으므로 블레셋 사람이 그를 시기하여 ... 아비멜렉이 이삭에게 이르되
네가 우리보다 크게 강성한 즉 우리를 떠나라 이삭이 그 곳을 떠나 그
랄 골짜기에 장막을 치고 거기 거류하며 (개정, 창세기 26:1~17 발췌)

"어르신, 어르신!"

이삭이 일어서 보니 목동 중 하나가 급히 뛰어오고 있었다.

"무슨 일이니?"

"아이고, 어르신, 그랄의 목동들이 이번에 새롭게 판 우물도 자기들 것이라고 하여 또 싸움이 붙었습니다!"

"허, 참, 같이 가보세."

이삭과 그의 무리들은 기근이 들었을 때 그랄 땅으로 들어와 오랫동안 살았다. 본래 그랄 땅에는 블레셋 민족이 살고 있었는데, 그들의 아비멜렉(세습 왕)이 이삭과 그의 무리가 그 땅에서 머무는 것을 흔쾌히 허락해 주었고 또 이삭과 그의 가족들을 해하지 못하도록 보호해 주기도 하였다. 그런데, 이삭이 심히 부유해지자 블레셋 사람들의 관계가 틀어지게 되었다. 희한하게도 이삭이 씨를 뿌리기만 하면 100배 이상을 거두어들여 부러움을 샀는데, 이러한 수확이 계속되자 부러움이 시기심으로 돌변하게 된 것이다. 한 번은 블레셋 사람들이 아브라함이 팠던 우물들을 흙으로 덮어 버리는 사건이 발생하여 다툼이 일었는데, 이로 인해 아비멜렉이 이삭에게 그 곳을 떠나 주기를 정중히 요청했다. 어느새 이삭이 그들보다 더 강해졌고 이는 그의 백성들에게 위협으로 느껴졌기 때문이었다. 하지만, 이것은 사실 굉장히 무리한 부탁이었다. 이삭은 그 땅에 농사를 짓고 있었기 때문에 그 모든 밭과 곡물도 그대로 두고 나와야 했기 때문이었다. 그러나 이삭은 다투지 않고 그 땅을 나왔다. 다만, 큰 무리를 끌고 멀리 갈 수는 없었기에 그랄 골짜기에 자리를 잡았다.

그런데, 이제는 우물이 문제였다. 도심과 달리 골짜기는 우물이 흔치 않았기 때문에 블레셋 사람들이 막았던 우물을 다시 파고 또 물이 샘솟는 곳을 찾아 우물을 새로 팠는데, 그랄의 목자들이 자기네 땅의 우물이니 자기들 것이라고 시비를 걸어왔던 것이다. 하지만 이삭은 그들과 다투지 않고 새로 판 우물을 다툼의 우물 - 에섹이라 이름 짓고 그들에게 내어주었다. 헌데, 그 목자들이 두 번째 판 우물에까지 찾아와 다툼을 일으킨 모양이었다.

"이삭, 더 이상은 못 참습니다, 이 자식들, 당장 혼쭐을 내줘야 합니다! 지금 이게 두 번째라고요, 두 번째!"

이삭은 씩씩거리는 목자들의 어깨를 토닥였다.

"이 우물도 새로운 이름이 필요할 것 같군. 흠, 적대의 우물 - 싯나는 어떤가?"

목자는 이삭의 낌새를 알아차리고는 펄쩍 뛰었다.

"아니 무슨 말씀이세요? 이것도 내주려고요? 저에게 50명만 내주십시오. 내 이놈들, 다시는 얼씬도 못 하게 만들어 버리겠습니다. 아니, 아예 싹 쓸어버리겠습니다!"

그랄의 목자들이 흠칫 놀라는 것 같았다.

"아이고, 정말 화가 많이 났구먼, 자네들이 이걸 파느라 정말 고생이 많았지. 하지만, 일단 오늘은 이대로 두고, 저녁에 맛있는 거나 함께 먹는 게 어떨까?"

"아이고, 지금 맛있는 게 생각나십니까? 이 녀석들을 그냥!"

이삭은 그의 이름답게 빙그레 웃을 뿐이었다. 이삭은 그랄의 목자들에게 다가가 몇 마디를 나누고는 자신의 목자들과 어깨동무를 했다.

"그래, 그래, 이 일에 대한 처리는 일단 오늘은 넘기고 생각해 보시게나. 자자, 저녁에 뭘 먹을까?"

어둑어둑 해 질 무렵, 사람들이 분주하게 고기를 굽고 있었다. 모두들 낮에 있었던 일은 잊어버린 듯 떠들썩한 분위기에 취해 있었다. 이삭이 장막에서 나오자, 사람들이 이삭 앞으로 모였다. 언제나 식사는 이삭의 축사 이후에 이뤄지기 때문이었다. 이삭은 모두 둘러앉은 것을 확인하고는 두 손을 모았다.

"하나님께서 주신 우물을 지키고자 애쓴 권속들에게 복 주시기를 원합니다. 그리고 다친 사람 하나 없이 오늘 이렇게 함께 풍족한 식사를 하게 하심에 감사드립니다."

이삭의 기도가 계속 이어졌다.

"그리고, 에섹과 싯나 우물을 통해 그랄의 목자들이 하나님의 자비하심을 깨닫게 되길, 그들의 가축들이 건강히 자라게 되길 기도드립니다. 그리고 제발 우물물이 콸콸 쏟아져 나와서 우리 우물을 빼앗지 않게 되길 바랍니다."

식솔들이 웅성거렸다. 몇몇 아이들은 키득거렸다. 이삭은 기도를 마치고 그들을 바라보았다.

"여러분, 우리는 하나님의 약속을 받은 사람들입니다. 나의 아버지 아브라함은 이 약속을 굳게 믿었습니다. 나도 마찬가지이고요."

식솔들은 이삭이 자신들을 설득하려 한다는 것을 눈치채고 있었다. 이삭은 못마땅한 표정을 짓고 있는 식솔들을 향해 미소 지으며 말을 이었다.

"혹시, 아브라함이 어떤 약속을 받는지 기억하십니까?"

한 소녀가 손을 번쩍 들었다. 이삭은 그 소녀를 향해 손짓했다. 소녀는 일어나 두 손을 입가에 모으고 큰 소리로 말했다.

"아브라함을 큰 나라로 만드시고, 복을 주신다고 했어요. 그리고 다른 사람들에게 복이 될 것이라고 하셨고요!"

사실 이 약속은 모두가 알고 있는 것이었다. 이삭이 소녀를 향해 고마움의 눈인사를 건넸다.

"그리고, 그에게 복을 주는 사람에게 복을 주시고, 그를 저주하는 자를 하나님께서 저주하시겠다고도 하셨지요. 이건 사실 너무나 당연한 것인데, 복을 저주하면서 복을 받을 수는 없는 것 아니겠습니까?"

사람들이 이삭의 재치 있는 해석에 동의하며 함께 웃었다.

"아브라함은 이 약속을 굳게 믿었습니다. 그래서 음 … 저를 번제로 바치라는 명령에도 주저 없이 순종하셨지요. 하나님은 반드시 약속을 지키시리라는 것을 알았고, 하나님의 능력과 계획을 이해하려고 하기보다 믿었기 때문입니다."

이삭은 이 대목을 이야기할 때면 언제나 울컥거렸다. 그 역시 하나님이 어떤 분이신지 경험하게 된 사건이기 때문이었다.

"그래서, 그는 약속대로 살았습니다. 복이 되는 삶을 산 것이죠."

아브라함의 삶은 모두가 익히 알고 있는 것이었다.

"여러분, 약속은 함께 지켜야 하는 것입니다. 그렇지요? 일방적으로 한 약속이라고 해도 상대방이 거부하면 그 약속은 무효가 되는 것입니다."

이삭이 아까 그 소녀를 바라보았다.

"제가 저 소녀에게 선물을 주겠다고 약속하더라도, 소녀가 받지 않겠다고 하면 이 약속은 무효가 되겠지요. 아브라함은 그 자신이 복이 될 것이라는 약속을 받아들였습니다. 그래서 복이 되기로 결심하고 복이 되는 삶을 살아가려고 노력했죠."

사람들이 자신들의 생각을 나누는 듯 웅성거렸다.

"다시 말해, 우리에겐 복과 저주를 결정할 권세가 있는 것입니다. 음, 여러분이 생각하는 복이란 무엇인가요?"

여기저기서 사람들이 목소리를 높였다.

"소 한 겨리!"

"예쁜 아내!"

"건강한 몸!"

"낙타 두 마리!"

"난, 열 마리!"

"나는 우물 열 개!"

"하하하하!"

누군가 우물을 이야기하자 사람들이 박장대소를 터뜨렸다.

"하하, 고마워요. 고맙습니다. 그러게요, 우물이 많으면 좋긴 하겠네요."

이삭은 주위를 환기시켰다.

"자자, 만약 우리에게 건강이 있다고 칩시다. 자, 그럼 복이 있는 것인가요?"

이삭이 이런 종류의 질문을 던 질 경우, 뻔한 답이 정답인 경우는 거의 없었다. 그렇다면, 건강이 복이 아닐 수도 있단말인가? 사람들이 웅성거렸다.

"건강한 몸을 가진 한 사람은 그 몸으로 수고하여 가족을 부양하고, 또 이웃의 어려움을 돕습니다. 그런데, 건강한 몸을 가진 또 다른 사람은 타인을 괴롭히고 그들의 재산을 빼앗으며, 심지어 상하게 합니다. 건강한 몸이 복인가요? 저주인가요?"

잠깐의 침묵이 흘렀다. 아까 그 소녀가 조심스럽게 손을 들었다. 이삭은 반가운 마음으로 소녀를 불러내었다.

"그래, 너는 어떻게 생각하니?"

소녀가 이삭과 사람들을 번갈아 바라보며 대답하였다.

"첫 번째 사람은 건강을 복으로 만들었고, 두 번째 사람은 건강을 저주로 만들었습니다."

소녀의 대답에 이삭은 무릎을 꿇고 소녀를 축복했다.

"하나님이 복된 너를 더욱 복되게 하시고, 큰 복을 내리시기를."

소녀는 기쁜 마음에 총총 뛰며 부모의 품으로 돌아갔다.

"이것이 우리가 가진 자유요, 권세입니다. 우리는 우리에게 있는 것을 복으로 만들 수도, 저주로 만들 수도 있는 권세가 있습니다. 아브라함은 이것을 알았고, 단지 하나님이 자신에게 복주시기를 기다린 것이 아니라 자신이 복이 되기 위해 살아갔던 것이죠."

어느새 사람들의 표정에서 못마땅함은 사라지고, 웃기도 하고 손뼉도 치며 자신들의 생각을 나누고 있었다. 이삭은 잠시의 웅성거림을 즐겼다.

"우리가 약합니까? 아니오, 아비멜렉은 우리가 너무 강하니 그랄을 떠나달라고 했습니다. 우리에겐 하나님께서 주신 큰 힘이 있습니다."

어디선가 한 사람이 이삭의 말을 이었다.

"하지만, 우리는 그들과 싸우지 않고, 거대한 농지와 거주지를 두고 나왔습니다."

이삭은 엄지를 치켜세우며 말을 이었다.

"맞아요. 그들은 우리에게 위협을 느꼈습니다. 물론, 우리가 가꾼 농지와 거주지를 거저두고 나오는 것은 굉장히 불공평하고 불합리해 보입니다. 하지만, 그것이 기근 가운데 우리를 받아준 것에 대한 보답일 뿐만 아니라, 그들에게 복이 되는 길이라 생각했습니다. 우리가 그것을 두고 나온다고 하여 하나님의 약속이 더디 성취될 리는 없기 때문입니다."

사람들이 격하게 고개를 끄덕이며, 웅성거렸다.

"하물며, 저까짓 우물이겠습니까?"

"하하하하"

사람들이 다 함께 웃었다.

"에이, 까짓것 하나 더 팝시다!"

"그래, 뭐 두 개, 세 개 더 파요, 파!"

이제야 잔칫집 분위기가 된 듯 했다.

"그렇게 생각해 주니 고맙습니다, 그런데, 아무래도 이 땅
에 계속 머무는 것은 그랄의 목자들에게 폐가 되는 것 같아
요. 내일 장막을 거둬 좀 더 먼 곳으로 이사를 가서 거기서
우물을 파도록 합시다. 오늘은 내일을 위해 배부르게 먹고
마십시다!"

● ● ● ● ●

"와, 여긴 정말 넓네요."

"그러게, 이곳저곳 다녀봤지만 우리 말고는 다른 사람들
은 보이지 않는군."

"와아!!!"

이삭과 식솔들은 소리 나는 곳으로 함께 뛰어갔다. 우물

을 파던 사람들이 샘솟는 물을 보며 환호하고 있었다. 이삭이 그들을 격려했다.

"이야, 자네는 정말 우물 전문가구만, 어째 파는 곳 마다 물이 샘솟는가?!"

"그게 어찌 제 덕이겠습니까? 하나님께서 주인님께 복을 주신 덕이죠."

"복된 자네가 바로, 내 복일세!"

이삭과 종들이 함께 웃었다.

"이 우물도 이름을 지어 주셔야죠?"

"아, 그런가? 음, 흠, 아! 여호와께서 넓은 곳을 주셨으니, 우리가 이곳에서 크게 성공할 것이라는 뜻으로 – 르호봇이라 부르면 어떨까?"

"르호봇, 충분히 넓다! 좋습니다!"

이삭과 그의 종들은 새로 판 우물의 물을 나눠 마시며 하나님께 감사의 기도를 드렸다.

• • • • •

"내가 복이 될 수도, 저주가 될 수도 있다 …"

소년은 계속해서 읊조렸다.

"그것이 바로 우리에게 주어진 자유, 권세 … 너는 복이 될지라. … 복이 되는 삶을 살고자 노력한다. …"

요셉은 소년의 읊조림이 끝나기까지 침묵했다.

"우리에겐 복이 될 수 있는 권세가 있다네. 그런데, 우리가 가진 것뿐만 아니라, 없는 것 혹은 잃은 것으로도 복이 될 수 있지."

"그게 무슨 뜻이죠?"

"건강한 사람이 자신의 건강을 복되게 혹은 저주되게 만들 수 있다는 것은 쉽게 이해할 수 있을 걸세. 그런데, 만약 건강하지 못하다 할지라도 그것도 복되게, 혹은 저주되게 할 수 있다는 말일세."

소년은 곰곰이 생각했다. 퍼뜩 떠오르는 것이 있었다.

"아, 떠오르는 사람이 있어요. 아랫마을의 대장장이 아저씨."

"아, 그 왼 다리가 없는 대장장이 말인가?"

"네, 그 분은 전쟁에서 다리를 잃고 한동안 절망 가운데 지냈다고 해요. 그런데, 장애를 극복하고 애굽 도성에서 내로라하는 대장장이가 되셨어요. 사실, 한 대장장이가 낙심해 있는 그에게 일자리를 제안했다고 해요. 그리고 그는 모처럼 찾아온 기회를 필사적으로 붙들었던 것 같아요. 이젠 일부러 그의 이름을 새겨 판매할 정도라 하니 그 품질의 수준을 알 수가 있지요. 부모님들이 하도 많이 말씀하셔서 모를 수가 없어요. 너는 몸도 멀쩡한 것이 부끄럽지도 않냐!!!"

요셉이 크게 웃었다.

"좋은 예가 될 수 있겠구나. 누군가는 다리를 잃고 절망하여 포기하겠지, 장애가 저주가 된 셈이지. 하지만, 그는 결국 장애를 복으로 만들어 내었구나."

"네, 그리고 그는 자신에게 주어진 삶을 더 없이 감사히 여기고, 어려운 사람들을 돕고 있다고도 들었어요."

요셉은 고개를 끄덕였다. 한 번 그를 찾아가 만나봐야겠다는 생각이 들었다. 복된 사람을 만나는 것은 더 큰 복을 일으키는 좋은 기회가 되기 마련이었다.

"그렇다면 저는 이미 많은 것을 가진 사람이네요. 제가 그것들을 복 되게 하느냐, 저주 되게 하느냐의 과제가 있을 뿐 이구요."

"진도가 빠르구먼."

소년이 멋쩍은 듯 웃었다.

"참, 이삭은 그 후 어떻게 되었나요?"

"그 후 이삭은 브엘세바라는 곳으로 이사했네. 그리고 그곳에서 하나님께서 이삭에게 나타나 아브라함에게 주신 약속과 동일한 약속을 주셨지."

"아, 정말로 약속이 상속되었군요."

"그렇다네."

소년은 천천히 고개를 끄덕였다.

"그리고, 이삭은 하나님을 만난 그곳에서 단을 쌓고 하나님께 예배를 드렸지. 그의 아비 아브라함이 그랬던 것처럼 말이야. 그리고 그곳에서도 우물을 팠다네."

"그 우물도 이름이 있나요?"

"후후, 물론이지. 헌데, 우물을 파고 있을 때 즈음, 아비멜렉이 찾아 왔다네."

"아니, 그는 이삭을 쫓아낸 사람이 아닙니까? 무엇 때문에 찾아왔지요?"

"이삭과 불가침 조약을 맺기 위해 찾아온 것이었네. 아마도 그렇게 내보낸 것 마저 두려웠던 것 같아. 여호와 하나님께서 이삭과 함께하는 것을 분명히 보았기 때문이지. 이삭은 싸우지 않았지만 승리했고, 그는 홀로 이기는 것이 아니라 모두를 복되게 하는 사람임을 보았기 때문이지."

소년은 고개를 끄덕였다.

"아비멜렉이 이삭에게 이렇게 이야기했다고 하네. 당신은 여호와께 복을 받은 사람이라고."

"햐, 정말 최고의 칭찬이네요."

"아비멜렉은 그 말의 무게를 아는 사람이었지. 그것은 결코 인사말이 아니었네. 경외심을 가지고 한 말이었지."

"아, 참, 이 사건이 우물의 이름과 관계가 있는 것인가요?"

요셉이 끄덕이며 대답했다.

"그 우물은 맹세라는 뜻의 세바라고 지어졌다네."

· · · · ·

"아, 엄마, 저 늦는다고요! 그리고, 이걸 무거워서 어떻게 들고가요?"

"아이고, 이 녀석아, 그래도 챙겨가야지! 아니 그 동안 총리님을 몇 번이나 만났다면서 어쩨 맨 손으로 다녀왔단 말이냐?"

"아이, 참, 총리님은 그런 것 신경 안 쓰신 대두요?"

"총리님이 원해서가 아니야, 너도 뭔가 감사한 마음을 표현해야 하지 않겠니?"

소년은 문득 어머니가 손에 쥐어준 과일 바구니가 가볍게 느껴졌다. 그의 감사한 마음에 비하면, 오히려 과일 바구니가 작아 보였다. 사실, 요셉의 거대한 책상 위에는 과일 바구니가 항상 놓여 있었다. 그리고 그 바구니에는 신선한 망고를 비롯한 다양한 과일이 풍성하게 담겨 있었고 소년도 종종 함께 먹었던 터였다. 어머니가 챙겨준 과일 바구니를 가져가는 것이 요셉에게 큰 도움이 될 것 같진 않지만, 감사한 마음을 이렇게라도 전할 수 있다면 좋을 것 같았다.

"요셉, 안녕하세요."

"그래, 주말은 잘 보냈니? 응? 근데 이게 뭐야?"

소년은 머쓱한 듯, 과일 바구니를 살짝 들어 올려 보였다.

"어머니께서 챙겨주신 과일바구니에요, 별것 아니지만, 이렇게 저와 이야기를 나눠주심에 감사드려요."

"와, 정말 잘 됐구나. 마침 오늘 시종이 몸져누워서 집에서 푹 쉬라고 했거든. 안 그래도 입이 심심하던 차에 너무 좋은 선물인걸! 그나저나 망고가 정말 잘 익었네, 크흐, 이 냄새, 좋다."

둘은 약속이라도 한 듯, 망고를 한 개씩 집어 들고는 잘 익은 구린내를 킁킁 맡으며 함께 웃었다.

"하지만, 고마운 건 나도 마찬가지란다."

소년은 망고를 다 삼키지도 못한 채 눈을 똥그랗게 뜨고

반문했다.

"네, 그게 무슨 말씀이시죠?"

"음, 네게 이야기를 나누면서 나의 이야기도 더욱 풍성해졌단다. 지식과 지혜는 나누면 나눌수록 더욱 풍성해지는 법이거든. 사실, 네게 이야기를 나누면서 순간순간 깨닫게 되는 것도 꽤 많았단다."

소년이 요셉에게 맞장구를 쳤다.

"이렇듯 누군가에게 복을 나누는 것은 결국 내게도 복이 되는 셈이군요!"

"역시, 진도가 빨라."

소년이 멋쩍어하며 머리를 긁었다.

"그런데, 당신 아버지 이스라엘은 어떤 분이셨나요?"

소년은 기대가 가득한 눈빛으로 요셉을 바라보았다.

"음, 나의 아버지는 내게 이 모든 이야기를 들려주신 분이지."

소년은 감탄하며 요셉을 종용했다.

"헌데, 아버지는 바로를 처음 만났을 때, 자신의 삶이 고통스러운 인생이었다고 말씀하셨다네."

"네? 그것은 자기소개나 마찬가지인데… 복된 삶, 하나님이 함께하시는 삶, 뭐 이런 게 아니고, 고통스러운 삶이었다고요?"

요셉이 찻잔을 들었다. 소년은 요셉이 차를 한 모금 마시고 내려놓을 때까지 기다렸다.

"아버지는 쌍둥이의 둘째로 태어났네만, 하나님의 약속에 욕심이 있으셨던 것 같아. 당시 장자에게 약속이 상속되었기에 아버지는 어떻게든 자신이 약속을 상속받아야겠다고 생각했지. 그래서 그는 자기가 형에서인 것처럼 꾸미고 아버지를 속여 축복의 기도를 받아내었다네."

소년은 눈이 휘둥그레졌다.

"에엣? 뭔가 이상한데요?"

"그래, 그것은 결코 복된 사람, 복이 될 사람의 행동이 아니었지. 자신이 복을 받기 위해 누군가를 속인다는 것은 … 참, 적절치 않았지. 이미 아버지는 '형이 동생이 섬길 것'이라는 약속을 받았었네만, 어쩌면 믿음이 부족했던 것 같아. 하나님이 일하시길 기다렸으면 좋았을 텐데, 자신이 뭔가 하지 않으면 안 되겠다고 생각한 모양이야."

소년은 안타까운 표정을 지었다.

"그의 형이 가만히 있지 않았을 것 같은데요?"

"그렇다네. 아버지는 형, 에서를 피해 도망갈 수밖에 없었

지. 그리고 그것이 그의 고통스런 삶의 시작이 되고 말았다
네. 그러나 하나님은 그런 이스라엘 아니, 야곱과도 약속을
맺으셨다네."

"야곱이요?"

"아버지는 이스라엘로 이름이 바뀌기 전, 원래 야곱이라
불렸다네. 아버지는 태어날 때 형 에서의 발꿈치를 붙잡고
태어났다고 하더군."

꿈의 주인

그의 아버지가 야곱에게 축복한 그 축복으로 말미암아 에서가 야곱을
미워하여 심중에 이르기를 아버지를 곡할 때가 가까웠은즉 내가 내 아
우 야곱을 죽이리라 하였더니 맏아들 에서의 이 말이 리브가에게 들리
매 이에 사람을 보내어 작은 아들 야곱을 불러 그에게 이르되 네 형
에서가 너를 죽여 그 한을 풀려 하니 내 아들아 내 말을 따라 일어나
하란으로 가서 내 오라버니 라반에게로 피신하여 네 형의 노가 풀리기
까지 몇 날 동안 그와 함께 거주하라 네 형의 분노가 풀려 네가 자기
에게 행한 것을 잊어버리거든 내가 곧 사람을 보내어 너를 거기서 불
러오리라 어찌 하루에 너희 둘을 잃으랴 (개정, 창세기 27:41-45)

야곱이 브엘세바에서 떠나 하란으로 향하여 가더니 한 곳에 이르러는
해가 진지라 거기서 유숙하려고 그 곳의 한 돌을 가져다가 베개로 삼
고 거기 누워 자더 (개정, 창세기 28: 10,11)

"아아, 하나님이 분명히 이 곳에 계시는데 나는 그것을 모르고 있었구나!"

야곱은 두려움에 몸서리를 치며 소리쳤다. 이것이 꿈인지, 생시인지 분간이 되지 않았지만, 하나님을 만난 것이 분명했다. 아, 죄인인 내가 하나님을 보다니, 어둠인 내가 빛을 보다니!

"내가 지금 있는 곳이 다른 곳이 아니라 하나님의 전이요, 하늘의 문이로구나!"

야곱은 팔다리에 힘이 풀려 풀썩 주저앉았다. 일어나려고 해보았지만 그대로 땅으로 고꾸라져 엎어졌다. 아, 이렇게, 이대로 죽는 것인가? 아, 아니, 하나님이 내게 약속을 주셨던가?

이른 아침 야곱은 눈을 뜬 채로 한참을 멍하니 누워 있었다. 여기가 어디인가 한참을 생각했다. 아, 형 에서를 피해 하란으로 가던 길에 … 루스, 그래, 루스에 이르러 돌 하나를 주워 베게를 삼아 누웠었지. 야곱은 벌떡 일어났다. 어제 분명히 하나님을 만났고, 하나님께 약속을 받은 것이 틀림없었다.

"이곳을 이제 하나님의 집, 벧엘이라고 부르자."

아브라함과 이삭이 가는 곳마다 단을 쌓았던 것이 떠오른 야곱을 주변을 돌아보았다.

"하나님께 제사를 드려야 해. 단을 쌓아야 할 텐데, 마땅한 돌이 이것 밖에 없구나."

야곱은 베고 잤던 돌을 세웠다. 야곱이 주변을 돌아보니, 어제 본 장면이 눈에 선했다. 거대한 사닥다리가 하늘 꼭대기부터 땅에까지 닿아 있었고 하나님의 사자들이 그 위를 오르락 내리락 하고 있었다. 야곱은 천사들이 분주하게 다니는 것을 보며 하나님과 그의 천사들이 일하고 계심을 알 수 있었다. 아, 내가 하나님이 일하시리라는 믿음이 없었구나. 급기야 사다리 위에 서 계신 여호와 하나님을 보고 말았다. 자비롭고 신뢰로우며 신비롭고 따뜻한 음성이 귀에 선했다.

"나는 여호와니 너의 조부 아브라함의 하나님이요, 이삭의 하나님이라."

그는 분명 아브라함이 만난, 이삭이 만난, 그가 귀가 닳도록 듣고 또 들었던 바로 그 여호와 하나님이었다.

"네가 누운 땅을 내가 너와 네 자손에게 주리니, 네 자손이 땅의 먼지같이 되어서 동서 남북에 편만할찌며 땅의 모든 족속이 너와 네 자손을 인하여 복을 얻으리라. 내가 너와 함께 있어 네가 어디로 가든지 너를 지키며 너를 이끌어 이 땅으로 돌아오게 할 것이다.”

야곱은 자기가 있어야 했던 곳이 할아버지 아브라함과 아버지 이삭이 약속으로 받은 땅, 가나안 임을 알 수 있었다. 하지만, 그는 도망자 신세였다. 약속에 땅의 대한 갈급함에 눈물이 쏟아졌다. 자신의 조급함과 부정한 계략에 눈물이 쏟아졌다. 그리고 하나님의 절대적인 약속에 눈물이 쏟아졌다. 그는 반드시 이곳으로 돌아오겠다고 다짐하고 또 다짐했다.

“내가 네게 허락한 것을 다 이루기까지 너를 떠나지 아니하리라.”

야곱은 더 이상 두렵지 않았다. 처량하지 않았다. 회환의 눈물이 기쁨의 눈물로 바뀌고 있었다. 야곱은 서둘러 제물로 드릴 것을 찾아보았다. 아, 이 기름 뿐이구나. 기름은 먼 여행길에 유용한 것이지만, 이제는 이 기름이 자신을 지켜주는 것이 아니라, 하나님께서 지켜 주실 것임을 확실히 느낄 수 있었다. 야곱은 가진 기름을 모두 돌기둥에 부었다.

“하나님, 만약 하나님이 나와 함께 계셔서 내가 가는 이 길에서 나를 지키시고 먹을 양식과 입을 옷을 주사 내가 평안히 아버지의 집으로 돌아가게 하시오면 여호와께서 나의 하나님의 되실 것이요, 내가 기둥으로 세운 이 돌이 하나님의 전이 될 것이요, 내게 주신 모든 것에서 십분의 일을 반드시 하나님께 드리겠습니다."

·　·　·　·　·

"이렇게 야곱에게도 하나님의 약속이 상속되었군요."

"그렇다네."

"그런데, 무엇 때문에 야곱의 인생이 고생길이 된 것이죠?"

"하나님보다 다른 것을 더 두려워하고, 하나님보다 자신의 지혜를 더 믿었던 까닭이 아닐까?"

"형을 속이고 축복의 기도를 받아내었던 것도 결국 같은 맥락이었던 것 같네요. 야곱은 '하나님 앞에서 거짓을 행하는 것' 보다 '기회를 놓치는 것'을 두려워했고, '하나님이 일하시기를 기다리기'보다, '거짓으로라도 약속을 쟁취해야 한다'고 생각한 것 같아요."

요셉은 찻 잔을 들어올리며 고개를 끄덕였다.

"하지만, 하나님은 그런 사람을 통해서도 자신의 뜻을 이뤄가시는 법이지. 물론 야곱은 그 대가를 톡톡히 치뤘지만 말야."

소년이 조심스럽게 질문했다.

"하나님이 야곱을 … 벌하신 건가요?"

"하하하, 물론 하나님이 징계하시기도 하지만, 하나님은 그리 쉽게 노하는 분은 아닐세. 다만, 자신의 선택에 따르는 결과가 있을 뿐이지."

"아하 …"

소년이 고개를 끄덕였다. 그리고 요셉을 처음 만났을 때처럼, 아니, 그 때 보다는 조심스럽게 손을 들었다.

"음, 또 묻고 싶은 것이 있는 겐가?"

"하나님은 왜 우리의 잘못을 막지 않으실까요? 그것이 결국 고통을 초래할 것을 아시면서도 말이죠. 하나님께서 딱 나타나셔서, '그렇게 하면 안 된다. 이렇게 하거라.'라고 말씀하시면 순종하지 않을 자가 어디 있겠어요?"

"와, 벌써 이 질문이라니, 역시 진도가 빨라. 하하"

소년은 어리둥절했다. 요셉은 흐뭇한 미소를 지으며 답했다.

"내 생각에 그것은 두 가지의 이유가 있는 것 같네. 하나는 하나님이 우리와 '진실한 관계'를 맺길 원하시기 때문이고, 다른 하나는 우리가 '건강한 사람'으로 세워지길 바라시기 때문일 거라고 생각하네."

요셉은 소년에게 차를 청했다. 소년이 주전자를 들어 조심스럽게 찻잔을 채웠다. 요셉은 찰랑거리는 찻잔을 들고 이어 말했다.

"다시 말하면, 하나님은 우리를 조종하길 원치 않으시네. 심지어 하나님 자신을 선택하거나 거부할 수 있을 만큼의 완전한 자유로운 의지를 우리에게 주셨지. 그뿐인가? 자신의 생명조차도 스스로 거부할 수 있는 자유가 주어졌네. 물론, 선택의 결과 또한 감당해야 할 몫이지만 말이야. 하나님께서 우리에게 그런 자유를 주신 것은 완전히 자유로운 우리와 진실한 관계를 맺길 원하시기 때문이네."

소년은 생각이 많아 보이는 표정을 하고는 고개를 천천히 끄덕였다.

"그리고, 음, 자녀가 어릴 때는 부모의 세밀한 보호와 지도를 필요로 하지만, 자녀가 성숙하게 되면 부모에게 일일이 묻지 않고도 스스로 선한 선택을 하며 살아갈 수가 있네. 그래야, 건강하고 성숙하다고 볼 수 있지. 하나님은 우리가 이렇게 건강한 한 사람으로 세워져 가길 원하시네. '실수와 잘못으로 인한 고난' 혹은 '예기치 못한 고통'이 종종 찾아오지만, 사람은 이를 통해 삶을 배워가고 더 건강한 삶을 살아가는 방법을 터득하게 되는 것이지."

소년은 아직은 완전히 이해하기는 어렵다는 듯 천천히 고개를 끄덕였다.

"그럼, 하나님이 고난을 주시는 것인가요?"

"흠, 그럴지도, 그렇지 않을지도."

소년이 고개를 갸우뚱하며 어깨를 들썩였다.

"내가 전해들은 바에 의하면 하나님이 처음 사람과 세상을 지으셨을 때, 사람은 고난이 없는 평화로운 낙원에서 지냈다네. 그런데, 죄를 짓고 말았지. 하나님처럼 될 수 있다는 유혹에 하나님이 먹지 말라고 한 나무의 열매를 먹은 것이야."

소년이 깊은 생각에 잠긴 듯 읊조렸다.

"죄 … 죄는 … 하나님처럼 되려고 한 것, 음, 하나님의 자리에 내가 앉는 것, 내가 하나님을 대신 할 수 있다고 여기는 것, 음 … 하나님이 없어도 괜찮다고 생각하는 것 … 아, 하나님과의 관계를 부정하거나, 거부하는 것!"

요셉이 감탄하며 고개를 끄덕였다.

"그로 인해 사람은 낙원에서 쫓겨났다네. 왜냐면 그 낙원에는 영원한 생명을 얻을 수 있는 생명나무가 있었거든. 죄인인 채로 영원히 사는 것은 어쩌면 가장 큰 불행이기 때문이었던 것 같아. 그리고 하나님은 땅이 가시와 엉겅퀴를 낼 것이라고 하셨지."

소년은 고개를 끄덕였다.

"아, 죄의 결과로 … 가시와 엉겅퀴, 고난을 초래하게 된 것이군요, 진실한 관계를 맺기 위해 창조한 인간을 쫓아내셔야 했던 하나님의 마음이 어떠셨을까요? 그렇다면, … 사람이 고난을 겪는 것은 자신의 죄, 악 때문인가요?"

"그런 경우도 있겠지만, 그렇게 단정 짓기는 어렵네. 다만, 죄로 인해 사람의 마음에는 악이 자리 잡게 되었고, 그 악함은 많은 고난을 만들어 냈지. 또한, 땅은 가시와 엉겅퀴를 내는 땅으로 바뀌게 된 것 일세. 그러니, 고난은 자신의 행동의 결과로도 겪게 되지만, 자신과는 상관없이 불쑥 찾아오기도 하지."

소년이 정리하듯 이야기했다.

"죄로 오염된 이 세상 자체가 이미 고난으로 가득한 세상인 것이군요. 그렇다면, 하나님께서 고난의 존재를 허용하신 것이군요?"

"음, 하나님이 고난을 허용하셨다기 보다는, 앞서 말했듯이 사람이 선택한 결과를 존중하시고, 함께 감내하신다는 것이 더 옳은 표현일 것 같네."

소년이 되뇌었다.

"고난을 허용하셨다기 보다는, 함께 감내하신다 … 그런데, 야곱의 경우에는 자신의 죄로 고난을 자처한 것 같네요."

"씁쓸하게도, 그렇다네. 아버지는 자신의 인생을 어떻게 생각하셨는지 들어보게나."

하나님의 꿈

하나님이 야곱에게 이르시되 일어나 벧엘로 올라가서 거기 거주하며 네가 네 형 에서의 낯을 피하여 도망하던 때에 네게 나타났던 하나님께 거기서 제단을 쌓으라 하신지라 … 우리가 일어나 벧엘로 올라가자 내 환난 날에 내게 응답하시며 내가 가는 길에서 나와 함께 하신 하나님께 내가 거기서 제단을 쌓으려 하노라 하매 … 그가 거기서 제단을 쌓고 그 곳을 엘벧엘이라 불렀으니 이는 그의 형의 낯을 피할 때에 하나님이 거기서 그에게 나타나셨음이더라 (개정, 창세기 35:1,3,7)

그는 백발이 성성한 모습으로 다시 벧엘에 서 있었다. 자신이 돌베게 제단을 세웠던 자리에 선 야곱은 젊은 시절 자신을 찾아 오셨던 하나님을 기억했다. 당시 하나님의 약속을 받았던 그는 이제 지난날을 하나님 앞에서 결산하는 마음으로 이곳에 서 있었다. 지난날의 형통함은 자신이 하나님을 찾아갔기 때문이 아니라, 하나님께서 자신을 찾아오셨기 때문임을 잘 알고 있었다. 야곱이 자신을 꿈을 열심히 좇았기 때문에 그가 풍족해진 것이 아니라, 하나님께서 그를 통해 약속을 이루시기 위해 그를 풍족케 하셨다는 것을 알고 있었다.

지난 밤 하나님께서 꿈에 나타나 그에게 벧엘로 올라가 단을 쌓으라고 명령하셨을 때, 그는 자신이 있어야할 곳에 거하고 있지 않다는 것을 깨달았다. 야곱은 자기와 함께한 모든 자에게 일러 모든 이방 신상을 버리고 정결하도록 명령했다. 그 모든 신상은 풍요와 안전을 상징하는 신상들 이었다. 야곱은 자신의 마음속에 있는 우상들도 하나님 앞에 내려놓았다.

'아, 내가 지난 세월 동안 무엇을 위해 산 것인가?'

야곱은 단을 쌓고 하나님 앞에 무릎을 꿇었다. 야곱은 참회의 눈물을 흘렸다. 그 눈물은 자신의 꿈을 좇았던 과거에 대한 후회와 이제라도 진리를 깨닫게 하신 하나님께 대한 감사의 눈물이었다. 하나님께서 그를 찾아오셨건만, 정작 그는 하나님께 나아가지 않았던 지난 삶에 대해 회개했다. 하나님의 눈으로 하나님의 섭리 가운데 있는 자신을 바라보지 못하고, 자신의 눈으로 세상에 속한 자신만을 바라본 삶을 후회

했다.

야곱은 자신의 꿈만을 좇았던 과거를 뒤돌아보았다. 눈물이 고인 야곱의 눈에 눈이 어두워 자신이 아들조차 구분할 수 없었던 아버지 이삭의 얼굴이 떠올랐다.

"여보"

"라헬."

야곱의 아내 라헬(주: 야곱의 네 부인 중 요셉의 어머니)이 야곱과 나란히 섰다.

"아버지에게 내가 형인 것처럼 속여 축복 기도를 받고, 복을 빼앗은 나를 죽이려는 에서 형을 피해 도망가다가 나는 이곳에서 하나님을 만났었소."

라헬은 조용히 그의 말을 경청했다.

"그리고, 나는 그 때 하나님의 꿈을 받았지. 그때만큼은 모든 것이 분명했었소. 이 곳 벧엘로 돌아와야 한다는 사실 말이오. 그런데, 오랜 세월이 흐르며 그 약속에 대한 확신은 흐려지고, 세상이 주는 욕심과 두려움에 오염되어 가기 시작했소. 욕심과 두려움은 믿음과 인내심을 잃게 만들지. 더 이상 하나님을 기다릴 수 없게 되고. 하나님의 방법보다는 자신의 판단을 더 신뢰하게 되는 법이라오."

야곱은 젊은 시절에 자신이 세우고 기름 부었던 돌베개

제단을 찾기 위해 두리번거렸다.

"아, 저기 있군. 긴 세월 동안 나는 참으로 여러 곳을 방황하였는데, 저 제단은 자신의 자리를 굳게 지키고 있었구나."

야곱은 무릎을 꿇고 돌베개 제단에 손을 얹었다.

"그리고 나는 벧엘을 떠나 당신의 아버지, 삼촌 라반의 집으로 들어갔지."

"그곳에서 당신은 저와 언니를 아내로 얻기 위해 14년을 무보수로 일했고요."

야곱은 자신의 옆에 선 라헬의 발에 손을 얹었다.

"그래요, 수일 같이 여겼던 14년이었소. 당신을 얻었기에 그 세월은 아깝지 않소."

라헬은 야곱의 무릎을 짚으며 옆에 나란히 앉았다.

야곱은 14년 동안 무보수로 일한 후 라반과 임금 계약을 체결하여 자신의 소유를 불려 나가기 시작했다. 많은 부를 쌓고 네 명의 아내와 열 한 명의 자녀를 얻은 야곱은 삼촌의 그늘에서 벗어나 자신 만의 세력을 갖고자 하는 계획으로 삼촌 라반의 집을 탈출할 계획을 세웠다. 때마침 하나님께서 야곱에게 네가 태어난 땅으로 돌아가라고 명령하심으로 용기를 얻어 탈출을 시도했다. 라반의 추격에 꼬리를 잡혔지만,

하나님께서 라반을 저지하셔서 그는 그의 모든 무리와 함께 안전하게 발걸음을 옮길 수 있었다.

"탈출에 성공했지만 막상 고향으로 돌아가려고 생각하니 너무나 두려웠었소. 형을 속인 일 때문이었지. 과연, 형이 날 용서했을까? 여전히 나에게 대한 복수의 칼을 갈고 있지는 않을까? 하지만, 그 날 밤 하나님의 사자가 찾아왔소. 내가 두려워하고 망설이고 있음을 아신 게지. 나는 그의 허리를 붙들고 복을 주실 때까지 절대로 보내지 않겠노라 했었소. 결국, 그 하나님의 사자는 나와 밤새 씨름을 하다가 나의 환도뼈를 쳐 쓰러뜨리고는, 내가 하나님을 이겼다 하여 '이스라엘'이라는 이름을 주셨다오."

그 후 야곱을 다리를 절게 되었고, 다음 날 아침, 상상치 못한 에서의 환대를 받았다. 그러나 야곱은 벧엘로 돌아가지 않았다.

"그 때 나는 이 곳 벧엘로 와야만 했었소. 정말이지, 돌이킬 수만 있다면 정말 그렇게 하고 싶구려. 하지만, 그때까지도 나는 두려움과 욕심에 사로잡혀 있었던 게요. 여전히 형을 피하고 싶었고, 또 더 번성하고 싶었소. 그래야, 형이 복수해 오더라도 당하지 않을 것 같았지. 그래서 나는 가장 번성했던 세겜 땅에 정착했던 것이요. 그곳이라면 나는 충분히 번성할 수 있으리라 생각했소. 벤엘은 그 후에 가도 괜찮으리라 내 나름대로 생각했던 것이지. 하나님은 분명 네가 태어난 땅으로 돌아가라고 탈출 시키셨는데도 말이오."

라헬은 세겜 땅에서의 일을 생각하며 눈시울을 붉혔다. 야곱도 회환의 눈물을 떨어뜨렸다. 그의 잘못된 선택은 가족들을 불행 속에 빠트렸다. 그의 딸 디나가 세겜 시내를 구경하러 나갔다가 세겜 추장의 아들에게 납치당하여 험한 일을 겪게 된 것이었다. 헌데, 추장의 아들이 디나를 아내로 달라고 하여 혼사를 치르고자 하였으나, 야곱의 아들 시므온과 레위가 분노한 나머지, 할례를 행하면 그녀를 아내로 주겠노라고 거짓말을 하고 할례 후 거동하지 못하는 세겜 남자들을 몰살시키는 지경에까지 이르게 되었던 것이다. 이로 인해 야곱은 세겜 주변 족장들에게 복수를 당할 위기에 놓이고 말았다.

야곱은 라헬의 어깨를 보듬으며 말을 이었다.

"그러나, 하나님은 나와 이 무리를 포기하지 않으셨소. 어제 하나님께서 내게 나타나셔서 벧엘로 올라가 그곳에서 살며, 그곳에 제단을 쌓으라고 하셨소."

야곱은 자리에서 일어나 단을 쌓았다. 주변에서 쓸 만한 돌을 골라 정성스럽게 쌓아 올렸다. 아들들이 일어나 야곱을 도왔다. 야곱은 돌 하나하나를 쌓을 때마다 자신의 욕심과 두려움을 하나씩 하나씩 내려놓았다. 그리고 단 앞에 엎드려 참회와 감사의 눈물을 흘렸다.

"엘벧엘, 벧엘의 하나님, 오늘에야 이곳에 올라온 저를 용서하소서. 저를 포기하지 않으신 하나님 감사합니다. 아브라함의 하나님, 이삭의 하나님께서 그들에게 주셨던 약속을 저에게도 주셨음을 압니다. 그리고 저를 통해 그 약속을 이루시기로 작정하셨음을 이젠 믿습니다. 저와 제 자손에게 복을 주시고, 복이 되게 하시어, 세상을 복되게 하실 줄을 믿습니다."

그 후 하나님이 야곱에게 나타나셨다.

"네 이름이 야곱이지만, 네 이름을 다시는 야곱이라 부르지 않겠고 이스라엘이라 부르리라. 이스라엘아, 나는 전능한 하나님이니라. 생육하며 번성하라. 국민과 많은 국민이 네게서 나고 왕들이 네 허리에서 나오리라. 내가 아브라함과 이삭에게 준 땅을 네게 주고 내가 네 후손에게도 그 땅을 주리라."

야곱은 하나님께서 자신을 떠나 하늘로 올라가시는 것을 느꼈다.

"오, 주님, 여호와 하나님, 이젠 믿습니다. 주신 약속이 반드시 성취될 줄 믿습니다. 이 약속을 전하며, 이 약속을 실천하며 살겠습니다."

야곱은 지난날의 고난을 통해 자신의 믿음이 정결하게 되었음을 알 수 있었다. 헛된 믿음들은 걸러지고, 하나님을 향한 믿음은 견고해진 것이다. 야곱은 정성껏 준비한 예물을 제단에 올려드리고, 기름을 부었다.

●　●　●　●　●

"아브라함과 이삭은 부유했지만, 부자가 되려고 했단 이야기는 찾아 볼 수가 없네. 하지만, 아버지 야곱은 부유해지려고 무던히도 애쓰는 삶을 살았지."

"부유해져야 살아남을 수 있다고, 더 안전하고, 풍요로운 삶을 영위할 수 있다고 믿었던 것 같아요. 마치 롯의 믿음을 보는 것 같네요."

"그렇다네, 다만 야곱이 롯과 다른 것은 결국 하나님께 돌아왔다는 것이지."

소년은 고개를 끄덕였다.

"고난이 그를 돌아오게 한 것이군요."

"그리고 하나님이 그를 돌아오게 하셨지. 롯도 소돔의 멸망이라는 고난을 통과하며 하나님의 구원을 경험했지만, 그는 하나님께 돌아오지 않았다네. 하지만 야곱은 고난을 통과하며 결국 하나님이 내미신 손을 붙잡고 벧엘로 올라와 단을 쌓은 것이지. 그리고, 무엇이 헛되고, 무엇이 선한지 몸소 깨닫게 된 것이네."

소년이 수긍하며 고개를 끄덕였지만, 이내 풀이 죽은 듯이 이야기했다.

"그런데, 디나가 불쌍해요. 그는 당신의 누나이죠?"

요셉은 말을 잇지 못했다. 소년은 요셉의 눈시울이 붉어지다 이내 미소로 바뀌는 것을 보았다.

"디나가 그런 고난을 당할 때 하나님은 무엇을 하신 것일까요? 혹시, 야곱을 깨닫게 하기 위해서 하나님께서 그런 일을 벌이신 것일까요? 우연히 일어난 일이라고 해도 그녀가 겪은 일이 너무 심한 것 같아요. 하나님께서 나서서 이런 일을 막아 주셨다면 피할 수 있지 않았을까요?"

"디나가 겪은 그 고난은 분명 그녀의 죄 때문은 아닐세. 그렇다고 야곱의 죄 때문에 하나님이 그런 일을 행하셨다고 볼 수도 없네. 디나도 하나님의 사랑하는 딸이요, 백성인걸. 그 악은 분명 세겜 추장의 아들이 행한 것 일세. 그리고 그 악은 그 뿐 아니라 여성 혹은 타인의 가치를 무시하고 함부로 대한 모든 사람들의 죄와 악이 쌓인 결과인 게지."

"그런데, 왜 하나님은 그 악이 디나를 해하도록 그냥 두셨을까요?"

요셉은 꿀꺽 침을 삼켰다.

"그것은 참 어려운 질문일세. 그런데 벌써 이 질문이라니."

요셉은 더 이상 농담이 아닌 난처함을 표했다. 하지만, 난처함을 피하려고 한 말은 아니었다.

"하나님은 우리에게 자유를 주셨고, 그 자유를 누구보다도 존중하는 분이라고 생각하네. 죄를 선택하는 자유조차도 말이야. 하나님이 죄의 결과에 함부로 개입한다면 그것은 자유를 주신 자신의 의지에 반하는 것이 아닐까 생각하네."

"하나님은 참으로 신실하신 분이란 말씀이시군요. 하지만, 만약 그렇다면, 하나님은 고난 앞에서 아무것도 안하고 계신다 … 는 말씀이신가요?"

"그렇진 않다고 생각하네, 하나님은 분명 우리를 지키시는 분일세. 고난을 피하도록 보호해 주기도 하시지. 하지만, 어떤 고난은 닥쳐오고 만다네. 나로써는 그것을 다 이해할 수도, 설명할 수도 없네. 다만, 고난이 닥쳐왔을 때 하나님이 무엇을 하고 계신 것인지는 감히 짐작해 볼 수 있을 것 같네."

소년이 눈을 휘둥그레 뜨고 요셉을 바라보았다.

"아마도 하나님은 … 함께 고통을 받고 계신 것이라는 생각이 드네. 그 누구보다도 자신의 자녀의 고통에 함께하며 깊이 슬퍼하고 아파하시리라 생각하네. 아아, 하나님은 아마도 하늘의 낙원에서 유일하게 고통받는 분일지도 모르겠네."

소년은 이것이 사실인지 알 길이 없었지만, 큰 위로가 되는 것 같았다.

"그리고, 그 고난이 당신의 자녀를 망치지 않도록, 오히려 그 고난이 유익이 되도록 일하시리라 생각하네. 천사들이 사닥다리를 분주하게 오르내렸듯이 말이야."

소년은 야곱의 꿈을 떠올렸다. 요셉은 다시 한 번 침을 꿀꺽 삼켰다. 난처한 말을 해야 할 모양이었다.

"그래서, 쉬운 이야기는 아니지만, 고난조차도 복이 되리란 믿음, 복으로 만들겠다는 의지로 상대해야 한다고 생각하네. 원래 몸에 좋은 약은 쓴 법이 아닌가."

소년은 그 사건 이후의 디나가 궁금해졌다.

"디나는 그 후 어떻게 되었나요?"

"그녀는 한 동안 크게 절망했다네. 그러나 하나님은 그녀를 찾아오셨고, 그녀는 하나님의 눈물을 느낄 수 있었다네. 이내 자신이 당한 일을 받아들였지. 이해라기보다는 수용이랄까. '그래, 그 일이 내게 일어났어. 그 일을 겪은 것이 바로

나야. 이제 그 경험도 나의 일부인 게야.' 이렇게 선언한 것이지. 자신이 놀러 나가는 바람에 그렇게 된 것이라는 죄책감을 벗는 데도 시간이 필요했네. 하지만, 이내 그것이 자신의 잘못이 아님을 받아들였지. 그 나이 때 소녀가 그렇게 행동하는 것은 어쩌면 너무나 당연한 것이었으니까."

"수용, 받아들인다 …"

"놀라운 것은 추장의 아들도, 또 혼사를 망쳐버린 오빠들도 용서했다는 것이네. 그녀에 의하면 용서는 가해자의 삶을 이해하려는 노력이자, 불쌍히 여기는 것이라고 했네. 디나는 용서란 이런 질문을 하는 것이라고 했네, [무엇이 그를 그렇게 만들었을까?]"

"그게 무슨 뜻이죠?"

"용서는 상대방의 잘못을 정당화하는 것도, 없던 일로 해주는 것도 아닐세. 또한, 용서와 처벌은 별개이지. 행동에는 반드시 책임이 따르는 법이니까. 다만, 그 사람이 가해자가 될 수밖에 없었던 삶이 있었으리라고 이해하려는 노력인 것이네. 태어날 때부터 가해자인 사람은 없네. 다만, 가해자 되기까지의 과정이 있었겠지. 물론 가해 행동에 정당성을 부여해서도, 그 책임을 다른 것에 떠넘겨서도 안 되지만, 가해자가 삶의 어떤 과정을 통해서 결국 그렇게 되었음을 불쌍히 여기게 되는 것이랄까. 다만, 사람으로서 용서는 정말 어려운 것이라네. 결코 강요해서도, 아니, 어쩌면 권해서도 안 되는 것이지. 그 자체가 폭력이 될 수도 있어. 그러나 하나님의 압도적인 은혜 안에서라면 사람으로서 할 수 없는 일도 가능해진다네. 용서를 '한다'기 보다, 용서가 '된다'는 것이 정확한 표현일지도 모르겠군."

"하나님의 압도적인 은혜 안에서 가해자를 이해하고 불쌍히 여기게 된다라 … 용서는 정말 놀라운 것이군요. 그런 용서가 어떤 유익이 있는 건가요?"

"용서는 나의 삶을 현재로 가져오게 만드는 능력이 있네. 과거에 얽힌 감정을 털어버리는 것이지. 사람은 감정에 묶여 살아간다네. 과거의 사건에 대한 원망, 분노 등의 강력함 감정에 묶인 사람은 그 감정에 매여 현재를 살아가기가 힘들기 마련이네. 또한 미래에 대한 불안에 묶인 사람도 현재를 살아가기 어렵긴 매 한 가지이지. 그러나 용서하게 되면, 묶인 감정을 털어버릴 수 있게 되고, 자유롭게 여기-지금에서 집중하며 살 수 있게 되는 것이라네."

"아, 어머니께서 큰 걱정에 휩싸이셨을 때, 일이 손에 안 잡힌다고 하셨던 기억이 나요."

"바로 그런 것일세."

소년은 갑자기 분에 찬 듯 질문이 급히 이어갔다.

"그런데, 일말의 죄책감도 없고 용서를 빌지도 않는 사람도 용서해야 하나요?"

"아아, 그런 생각을 할 만도 하군. 내 설명이 부족했구만. 어쩌면 용서는 크게 두 가지로 나누어 생각해 볼 수 있을 것 같네. 바로 해방의 용서와 화해의 용서이지."

소년은 눈알을 바쁘게 굴리며 요셉의 말을 이해하려 애썼다.

"해방의 용서는 영혼과 마음의 자유함과 하나님과의 건강한 관계를 회복하기 위해서 하는, 자신을 미움에서 해방시키는 용서라네. 이 용서는 굳이 가해자가 알게 할 필요가 없는 용서일세. 지금까지 내가 말한 용서가 바로 이 해방의 용서일세."

"그럼, 화해의 용서는 가해자와의 관계를 회복하게 하는 용서인가요?"

"맞아, 그렇다네. 하지만, 가해자에게 용서를 선언하는 것은 가해자의 회개와 함께 이루어져야 하네. 화해는 혼자서 할 수 있는 일이 아니지 않는가? 물론 가해자가 회개를 하더라도 용서하는 일이 쉬운 것은 아닐 것이네. 그래서 용서는 매우 어렵지만, 큰 복이 되는 길이라네."

소년은 해방의 용서와 화해의 용서의 의미를 되새기며, 자신이 용서해야 할 일이 있던가 잠시 생각해 보았다. 아직 인생의 경험이 짧은 소년에게는 요원한 이야기였다. 하지만, 소년은 이를 마음에 새겼다.

"디나 이야기로 돌아가자면, 하나님의 은혜를 경험한 그녀는 그 사건이 자신의 가치를 훼손할 수 없다는 것을 깨달았다네. 그리고 그 일을 극복해 내는 것이 자신에게도 다른 사람들에게도 유익이 되리란 것을 알았지. 그녀의 표현에 의하면 '과거는 내려놓고 오늘을 살아가겠다'고 했었네. 그녀가 겪은 일은 너무나 큰일이었어. 그래서 그녀의 공감과 위로는 진실되지. 지금도 많은 사람들이 그녀를 의지한다네."

소년은 디나의 회복에 가슴을 쓸어내렸다.

"무엇이 가해자를 그렇게 만들었는지 질문하는 것은 용서의 길잡이이자, 자신 만의 사명을 찾는 발견하는 방법이기도 하네. 그녀의 생존은 곧 비슷한 고난을 겪고 있는 사람들도 생존할 수 있으리라는 희망이 되었다네. 그녀는 끔찍한 일을 겪었지만, 정말로 그 일을 복으로 만든 게야. 사실, 나도 누나가 아니었다면, 날 따돌리던 형들을 이해할 수 없었을 거야."

소년은 자세를 고쳐 앉으며 요셉에게 물었다.

"요셉, 당신에게도 고난이 있었군요?"

"하, 벌써 내 이야기를 할 때가 되었군. 조금만 참아주게. 내 이야기는 다음에 하도록 하지."

소년은 고개를 끄덕였다. 사실, 둘은 야곱과 디나의 이야기를 나누는 것이 꽤나 힘들었다는 것을 느끼고 있었다. 소년은 요셉의 집무실을 나섰고, 요셉은 책상에 발을 얹은 채 한참을 생각에 잠겼다. 그러고는 자신도 모르게 잠이 들었다.

•　•　•　•　•

"요셉, 요셉!"

소년이 헐레벌떡 집무실로 뛰어 들어왔다.

"아니, 무슨 일인가?"

"여쭙고 싶은 것이 있어서 밤새 잠을 이룰 수가 없었어요."

요셉이 소년을 자리에 앉혔다.

"어떤 고민인지 들어볼까?"

"음 … '고난'이 '죽음'인 경우는 어떻게 되는 거죠? 어떤 고난을 겪든 살아만 있다면 어떻게든 의미를 부여할 수 있을 텐데, 죽어버리면 도대체 그 고난은 어떤 의미를 갖는 거죠?"

요셉이 빙그레 웃었다.

"하하, 자넨 마치 내가 인생의 모든 답을 알고 있는 것으로 생각하는 것 같군."

"네?"

당황해하는 소년을 바라보며 요셉이 말을 이었다.

"아마도, 이삭의 믿음이 필요한 대목인 것 같네."

소년은 요셉의 말을 되뇌었다. 이삭의 믿음? 아, 제물로 바쳐져야 했을 때 그가 가졌던 그 믿음!

"내가 죽어도 약속을 이루시리라 믿었던 이삭의 믿음."

소년은 천장을 바라보며 생각에 잠겼다.

"시원한 답은 아닐걸세. 우리는 생명의 경험을 육체라는 한계 안에서만 겪어 봤기에 생명이 육체를 떠나는 죽음이라는 현상을 이해하기는 쉽지 않네. 죽은 후에는 이전처럼 존재할 수 없고, 남은 이들은 죽은 이를 더 이상 볼 수 없으니까 죽음은 '마지막'으로 받아들여지기 마련이지. 그러나 죽음이 마지막이라는 것은 너무 쉽게 내린 결론이 아닌가 싶네. 오히려 인간은 흥미롭게도 사후의 세계가 존재할 것이라고 상상하지 않나? 애굽에도 사후의 세계를 관장한다는 신이 있듯이 말이야. 이는 사후세계가 없다면 현생세계를 이해하기 어렵기 때문이지. 그래서 죽음에는 이해보다는 믿음이 필요한 것 같네. 그리고 이 불가해한 측면이 죽음이 끝이 아니라는 것을 말해주는 것 같기도 하고."

"정말 거기서 모든 것이 끝이라면 이상하네요."

요셉이 고개를 끄덕여 동의를 표했다. 이제 어려운 이야기는 여기까지라는 듯 함께 크게 한 숨을 쉬고는 소년이 말을 이었다.

"그럼, 이젠 가나안의 소년이, 아니 야곱의 열한 번째 아들이 애굽의 총리가 되신 이야기를 듣고 싶습니다."

화려한 무용담을 기대하는 듯한 소년을 바라보며 요셉이 숨을 크게 들이마셨다. 마치, 높은 산에 오를 준비를 하는 사람처럼. 천천히 숨을 내쉰 요셉은 잠시 눈을 감고 생각에 잠겼다. 소년은 왠지 모를 긴장감에 침을 꿀꺽 삼켰다. 하지만, 기다림은 길지 않았다.

"나는 세 번의 절망적인 사건을 통해 여기까지 오게 되었네."

"절망 … 적인 사건이요?"

"우리가 앞서 이야기한 '고난'인게지. 그리고 그 고난들은 자네가 만난 고센 소년이 말했던, 하나님의 약속을 깨닫고 경험하는 계기가 되었다네."

"약속을 깨닫고 경험한다 …"

"첫 번째는 내가 형님들의 시기를 사는 바람에 형들에게

버림받아 미디안 상인에게 팔린 것이었지. 그리고 그 미디안 상인들이 나를 애굽에 팔아 이곳까지 오게 된 걸세."

소년은 입을 가리고 말을 잇지 못했다.

"도대체 무슨 일 때문에 … 형들이 동생을?"

"후후, 그래, 내 삶도 만만치 않았지. 그럼 그 이야기부터 해볼까?"

복의 상속

요셉은 노년에 얻은 아들이므로 이스라엘이 여러 아들들보다 그를 더 사랑하므로 그를 위하여 채색옷을 지었더니 그의 형들이 아버지가 형들보다 그를 더 사랑함을 보고 그를 미워하여 그에게 편안하게 말할 수 없었더라 (개정, 창세기: 37:3~4)

"유다야, 네 곡식단은 좀 크구나, 크기 좀 맞추렴."

야곱은 열두 아들들이 곡식단을 묶는 것을 보며 훈수를 두고 있었다. 소년 요셉은 이런 일을 자주 겪어보지 않은 터라, 곡식단을 낑낑 대며 묶고 있었다.

맏형 르우벤이 이색제안을 했다.

"자, 누구의 곡식단이 가장 잘 묶어졌는지 한 번 볼까?"

10명의 형들은 아직도 곡식단과 씨름을 하고 있는 요셉의 주변에 둘러서서 다들 곡식단을 바로 세우며 서로가 자신의 것이 얼마나 단단하고 견고한지 자랑하기 시작했다. 요셉은 그들의 못마땅한 시선 때문에 손이 더 굳어지는 것 같았다.

"드디어, 다 묶었어요!"

요셉이 자신의 단을 우뚝 세웠다. 하지만, 형들의 것처럼 꼿꼿이 서지 못하고 허리를 푹 숙이더니 이내 쓰러지고 말았다. 풀이 죽은 것은 둘째 치고 형들이 비웃을 것이 뻔한지라 쥐구멍에라도 들어가 숨고 싶었다. 그런데, 갑자기 자신의 곡식단이 우뚝 일어서고, 형들의 단이 요셉의 단을 둘러서서 허리를 굽혀 절하는 것이 아닌가? 깜짝 놀란 요셉은 자리를 박차고 일어났다. 희한한 꿈이었다. 그 동안 경험했던 꿈과는 뭔가 달랐다. 하나님께서 그의 삶에 대해 뭔가 말씀하신 것이라는 확신이 들었다. 형들이, 아니 형들의 곡식단이 절하는 꿈이라 … 요셉은 왠지 기분이 좋았다. 하나님이 주신 이 특별한 꿈에 대해서 이야기하면 더 이상은 형들이 자신을 무시하거나 따돌리지 않으리라고 생각했다. 요셉은 급히 뛰쳐나가 일을 나가기 위해 준비하고 있는 형들에게 이 꿈을 이야기했다.

"뭐라고, 네가 정말 우리의 왕이 되려는 거냐?"

안 그래도 아버지의 사랑을 독차지하고 있는 요셉을 볼

때마다 마음이 불편했던 형들에게 이런 꿈 이야기가 달가울
리 없었다.

"아니, 이 꿈이, 그러니까, 하나님이 주신 … "

"하, 이 녀석 보게? 그래서 정말로 네가 우리를 다스리기
라도 하려는 거냐?"

요셉은 뭔가 잘못됐음을 느꼈다. 이 꿈이 하나님이 주신
꿈이라고 확신하는 것은 요셉 자신 뿐, 형들에게는 헛소리일
뿐이었다. 머리끝까지 화가 치민 형들을 뒤로하고 요셉은 황
급히 자리를 피했다. 요셉은 서럽고 분했지만, 꿈을 곱씹어
보았다.

'그래, 형님들, 어디 한 번 그렇게 해보세요. 하나님은 나
를 크게 쓰실 거니까요. 분명 형님들이 내게 복종할 날이 오
고야 말 겁니다.'

야곱이 두 명의 부인과 두 명의 첩 가운데 요셉의 어머니
인 라헬을 가장 사랑한 것은 공공연한 사실이었다. 그런데,
그 라헬이 요셉의 동생 베냐민을 낳다가 난산으로 세상을 떠
나고 말았으니, 야곱이 요셉을 아끼는 것은 그에게는 너무도
당연한 것이었다. 게다가 요셉이 야곱의 기대에 부응하고자
형들의 허물을 일러바치기까지 했으니 형들이 그에게 좋은
감정이 있을 리가 없었다. 야곱이 특별히 지어준 화려한 옷

108

을 입고 다니는 모양새도 형들에게 미움을 더했다. 사실 형들은 요셉에게 다정하게 말 한 마디 한 적이 없었는데, 요셉 역시도 아버지를 뒷 배 삼아 형들을 견제하고 있었다. 이런 와중에 그런 꿈이라니.

'그래 이것은 하나님의 약속이 분명하다. 아무래도 아버지의 족장자리를 이어받을 사람은 내가 될 모양이다. 형들이 맨날 아버지를 속이고 멋대로 행동하더니 결국 하나님은 나를 택하신 모양이다. 그래, 내가 지금은 이렇게 무시를 당하지만, 결국 내가 족장이 되면 진짜 리더는 어떤 사람이어야 하는지 보여주겠어.'

며칠 후, 요셉은 또 꿈을 꾸었다. 이번에는 해와 달과 열한 개의 별들이 자신에게 절을 하는 것이 아닌가? 요셉은 크게 흥분한 채로 잠을 깼다. 도저히 말하지 않고는 버틸 수 없을 것 같았다.

"아버지, 형님들, 들어보세요. 제가 또 꿈을 꾸었는데 …"

돌아온 것은 형들의 분노와 아버지의 호통뿐이었다.

"도대체 무슨 꾼 꿈을 꾼 거니? 그래, 네 형들뿐만 아니라, 나하고 네 어머니까지 네게 엎드려 절을 할 것이란 말이냐?"

사실 요셉은 이 꿈을 발설하면 지난 번 보다 더 안 좋을 일이 벌어질 것을 충분히 예상할 수 있었다. 자신의 입을 틀어막고 싶었지만, 말하지 않으면 안 될 것 같은 강한 충동을 어찌할 수가 없었다. 결국 또 홀로 남게 되었고, 후회도 되었지만, 이미 그의 생각은 돌이킬 수 없는 지난 일 보다는 신비한 꿈에 대한 호기심과 기대로 차올랐다.

'비슷한 꿈을 두 번 꾼 것은 하나님이 이 일을 확실히 이루시겠다는 것임이 분명하다.'

정말 그랬다. 그런 확신이 마음에 가득했다.

'그런데, 형들의 단이 절하는 꿈을 꾸었을 때는 내가 족장이 될 것을 이야기해 주는 줄 알았는데, 해와 달까지 절하는 꿈이라니 … 해와 달이 의미하는 것이 무엇일까? 내가 족장이 된다고 한들 아버지까지 내게 절하게 될까? 아니, 그것이 정말 아버지와 어머니일까? 아니면, 다른 누군가일까? 아, 이 꿈이 말하는 일들은 도대체 무엇이고, 언제 일어나게 될까?'

질문이 거듭될수록 꿈의 해석은 점점 더 요원해 지는 것 같았다. 하나님께서 자신에게 뭔가 말씀하신 것이 분명했지만, 그 뜻이 쉽게 이해되지 않았다. 아니, 오히려 너무 성급하게 해석해서는 안 될 것 같았다.

"요셉."

두툼한 손이 요셉의 어깨를 살포시 감쌌다. 아버지였다. 아까 와는 다른 따뜻한 음성이었다.

"아버지!"

"하나님이 꿈을 통해 너와 우리에게 뭔가 보여주시려고 하신 것 같구나."

"하지만, 아까 아버지께서 …"

"그런 꿈을 떠들고 다니면 형들이 좋아할 리가 없잖니."

아버지 야곱은 형들이 요셉을 더 미워할까봐 되레 더 혼내신 모양이었다. 요셉의 마음이 뭉클했다. 요셉은 언제나 그렇듯 아버지께서 시원한 답을 해주실 것 같았다.

"그런데, 그 꿈은 도대체 무슨 뜻일까요?"

야곱은 미소를 지으며 답했다.

"무슨 뜻이었으면 좋겠니?"

야곱의 현명한 질문이 요셉의 부끄러운 마음을 들추는 듯했다. 그 꿈은 하나님이 주신 꿈이었지만, 자신의 욕심에 비추어 해석하려고 했다는 것을 깨달았다. 그리고 형들에게 당한 설움을 갚을 수 있을 거란 생각에까지 미쳤다는 것을 알아차릴 수 있었다. 요셉은 아무 말도 할 수가 없었다. 야곱은 그런 요셉이 기특했다.

"그 꿈이 무슨 뜻인가 보다, 그 꿈이 누구 꿈인가가 중요한 것 같구나."

"네? 그 꿈은 제가 꾸었으니 당연히 제 꿈 아닌가요? 아, 하나님께서 자신의 꿈을 제게 보여주신 것이로군요!"

요셉은 머리가 환해지는 것을 느꼈다. 중요한 것은 하나님이 - 아브라함의, 이삭의, 그리고 아버지의 그 하나님이 자신을 하나님의 꿈으로 초청하셨다는 것, 바로 그것이었다. 모든 의문과 근심이 사라지는 것 같았다.

"다만, 그것이 특별히 네게만 일어난 일은 아니란다."

"네? 이 꿈은 분명히 제가 꾼 꿈, 제게 주신 꿈인데요?"

"그 꿈에는 해와 달도 열한 개의 별들도 있잖니. 하나님은 너 뿐 아니라 우리 모두를 당신의 뜻으로 부르신 것이란다."

요셉의 똘망한 눈이 더욱 커졌다.

"하나님은 사실 이미 모든 민족, 모든 사람을 자신의 뜻에 초청하셨단다. 아브라함에게 처음 약속을 주셨을 때 말이지. 아니, 하나님께서 세상을 처음 만드셨을 때부터 일게다. 모든 사람은 자신이 알든 모르든 하나님의 뜻에 초청되었지. 너는 다만 그것을 보다 분명히 알게 된 것이란다."

요셉은 꿈의 주체가 자신에게서 하나님으로 옮겨가는 것을 느꼈다. 자신이라는 테두리에 갇힌 삶에서 인류라는 거대한 바다로 돛을 올리는 것 같은 느낌이 들었다.

"일단, 하나님이 자신의 뜻으로 저를 초청하셨다는 것은 알겠어요. 아니, 믿어요. 그럼, 언젠가 제 삶에 그 꿈과 같은 일이 일어나겠죠?"

야곱이 고개를 살포시 숙였다.

"물론 하나님은 우리 개개인에게도 뜻과 계획을 가지고 계신단다. 다만, 그것이 꼭 일생에 어떤 대단한 업적을 이룰 계획을 가지고 계신다는 것은 아니야. 좀 더 정확하게 말한다면 …"

요셉이 야곱을 종용했다. 야곱은 요셉의 무릎을 짚으며 말을 이었다.

"음, 네 증조할아버지 아브라함이 하나님께 받은 약속은 우리 가문이 민족을 이룰 약속이었지. 그런데, 아브라함의 삶에서 성취된 것은 무엇이었을까?"

"아, … 이삭 할아버지가 태어난 것일까요?"

"그래, 그렇다면 하나님의 약속이 성취되었다고 볼 수 있을까? 우린 아직도 민족은커녕 한 가문일 뿐인데?"

요셉이 갸우뚱했다.

"어떤 이는 당대에 그 뜻이 이뤄지는 것을 볼 수도 있겠지만, 어떤 이는 그 과정가운데 이 땅에서의 역할을 마감할 수도 있지. 그럼에도 불구하고 모든 인생이 의미 있는 것은 하나님은 우리의 삶에 어떤 결과와 업적을 기대하시기보다, 약속을 성취해 가는 과정 즉, 자신과의 관계를 기대하시기 때문이란다. 복된 사람으로 살아가길 바라시는 것이지."

"하나님은 자신과의 관계를 기대하신다 … 복된 삶 …"

"사실, 하나님이 아브라함에게 주신 약속은 모든 민족이 그로 말미암아 복을 받게 된다는 것인데, 과연 이 약속이 성취되는 것을 볼 인류는 누구일까? 어쩌면 세상 마지막 날에나 성취되지 않을까? 하하하!"

야곱과 요셉이 함께 웃었다.

"음, 내 삶이 어디로 흘러갈지 우리는 다 알 수 없단다. 물론, 삶을 계획할 수는 있지. 헌데, 그렇다 해도 내 삶이 어떻게 될지 우리는 알 수 없단다. 그러므로 우리는 하나님의 뜻을 구하고, 동참하며, 최선을 다해 복 된 삶을 살아가면 된단다. 그 과정 가운데 하나님께서 일하실게야. 네가 그 꿈의 장면을 겪을 수도, 어쩌면 네 후손이 겪을 수도 있겠지만, 중요한 것은 그 일이 네게 일어나는가가 아니란다. 네가 그렇게 할 수도 없고, 네가 할 일도 아니지. 그것은 하나님께서 하실 일이야. 네가 꾼 꿈도 결국 네가 복이 될 어떤 일을 보여주는 것 일게야. 네 삶이 복되고, 네가 다른 이들의 복이 되어주는 것, 이것이 하나님의 뜻이지. 너의 복된 삶을 통해 하나님이 뜻을 이뤄 가실 것이라고 믿는다."

"그럼, 어떻게 복된 사람이 될 수 있을까요?"

"가장 복된 존재는 누굴까? 그 분과 자주 만나고, 닮아가고, 함께 지내면 금방 배우겠는데?"

요셉이 갸우뚱했다.

"가장 복된 존재 … 아, 하나님이요?"

"그래, 하나님과 자주 만나고, 하나님을 자주 생각하고, 하나님을 닮아가고, 하나님께 순종하며 사는 사람이 복된 사람이 아닐까? 그리고, 그런 사람은 결국 이웃에게 복이 되기 마련이지."

"아, 복된 사람은 하나님을 사랑하고, 이웃을 사랑하는 사람이군요."

야곱이 요셉의 머리를 쓰다듬었다.

"그래서, 복된 사람은 하나님을 경배하고 기도하는 것, 하나님께서 우리에게 주신 말씀에 대해 깊이 생각하는 것을 즐거워하는 사람이란다. 그리고 악한 것을 떠나 하나님이 기뻐하실 만한 선한 삶을 살아가는 사람이지. 그게 바로 순종이고."

요셉은 야곱이 해주었던 수많은 하나님 이야기들을 떠올

렸다. 그리고 그 이야기들을 통해 하나님이 어떤 분이신지 더 많이 생각해 보아야겠다고 결심했다. 들에서 불어오는 부드러운 바람이 요셉의 볼에 입을 맞추고는 이내 흩어져 버렸다.

• • • • •

"우리 모두는 하나님의 뜻에 초청되었군요."

"그리고 그 뜻은 바로 복이 되는 것이라네."

"그리고, 그 복이 쌓여 마침내 모든 민족이 복이 되겠군요."

요셉이 흐뭇한 미소를 지었다.

"그런데, 지금은 그 꿈을 이해하셨나요? 그 꿈이 도대체 무엇을 말하는 것인지?"

"중요한 것은 그 꿈이 무엇이냐가 아니라니까?"

"아. 누구의 꿈인가가 중요하죠."

소년은 머리를 긁적였다.

"그 후 형들은 양떼를 이끌고 세겜으로 갔다네. 그리고 아버지께서 나를 보내 그들의 소식을 가져오길 원하셨지. 그래서 나는 홀로 세겜으로 길을 떠났다네."

소년은 이후 이어질 이야기가 요셉에게 아픈 기억임을 알았기에 침묵하며 경청했다.

"하지만, 당시엔 나에 대한 형들의 미움이 극에 달했던 것 같네. 형님들께 들은 바로는 멀리서 오는 나를 보고 … 죽이기로 모의했다더군. 내가 죽어도 그 꿈이 이뤄지나 보자는 거였지."

소년은 이야기를 계속 듣기가 힘들 지경이었다. 요셉이 온 몸이 굳어버린 소년의 어깨에 손을 얹었다.

"너무 걱정하지 말게. 내가 지금 이렇게 자네 앞에 있잖은가? 하나님은 사람의 악함이라도 자신의 선한 일로 바꾸실 수 있는 분이시네."

소년은 자신도 모르게 꼭 쥐고 있던 주먹에 힘을 풀었다.

"하지만, 형님들은 나를 죽이지 않기로 했다네. 대신."

"미디안 상인에게 팔기로 한 것이군요."

요셉이 고개를 끄덕이고는 물을 한 컵 들이켰다.

"꽤나 고생스런 길이었지."

첫 번째 절망

요셉이 그들에게 가까이 오기 전에 그들이 요셉을 멀리서 보고 죽이기를 꾀하여 서로 이르되 꿈 꾸는 자가 오는도다 자, 그를 죽여 한 구덩이에 던지고 우리가 말하기를 악한 짐승이 그를 잡아먹었다 하자 그의 꿈이 어떻게 되는지를 우리가 볼 것이니라 하는지라 …… 요셉이 형들에게 이르매 그의 형들이 요셉의 옷 곧 그가 입은 채색옷을 벗기고 그를 잡아 구덩이에 던지니 그 구덩이는 빈 것이라 그 속에 물이 없었더라 …… 유다가 자기 형제에게 이르되 우리가 우리 동생을 죽이고, 그의 피를 덮어둔들 무엇이 유익할까 …… 형들이 요셉을 구덩이에서 끌어올리고 은 이십에 그를 이스마엘 사람들에게 팔매 그 상인들이 요셉을 데리고 애굽으로 갔더라 (개정, 창세기:37:18~28)

모든 생명의 근원이자 어머니 같다고 여겼던 태양이 이제는 자신을 죽이려고 하는 것처럼 느껴졌다. 자신을 판 형들보다, 손을 묶어 끌고 가는 미디안 상인들보다, 저 이글거리는 태양이 더 원망스러웠다. 태양을 향해 침을 뱉고 싶었지만, 요셉의 혀는 말라 붙어버린 지 오래였다. 길도, 안내판도 없는 광활한 모래 바다, 그 뜨거운 파도를 끝도 없이 넘어가며 요셉의 날숨도 점점 희박해지고 있었다. 태양과 모래가 묻어버린 망자들이 요셉을 붙잡아 끌어내리는 듯 발이 무거워 떨어지지 않았다. 그는 마치 시체처럼 힘없이 고꾸라져 사구의 경사를 데굴데굴 굴러 내려갔다.

지칠 줄 모르는 태양이 지고 나면, 무섭도록 차가운 사막의 어둠이 덮쳐왔다. 요셉은 얇은 모포를 두르고 하늘을 바라보았다.

'아, 내 꿈, 내 꿈은 도대체 …'

지금의 이 상황은 그가 꾼 꿈 뒤에 일어나서는 안 되는 것이었다. 이래서야 형들이 내게 절하는 그 꿈이 어떻게 이뤄질 수 있단 말인가? 아, 아니, 정말 형들의 말대로 이제 그 꿈은 더 이상 이뤄지지 않게 되는 것인가? 요셉은 절망스러웠다. 이 일이 무엇 때문에 일어난 것인지, 앞으로 마주할 두려움이 무엇인지 온갖 생각과 추측이 요셉의 머릿속을 휘젓고 있었다.

'아아, 만약 내가 형들의 잘못을 일러바치지 않았다면, 아

니, 형들이 잘못을 저지를 때 차라리 동참했더라면 … 아아, 아니 그 꿈을 말하지 않았더라면……'

요셉은 금세 고개를 휘저었다. 그는 자신의 생각이 잘못된 길로 들어서고 있음을 알아챘다. 이럴 땐, 생각이 아니라, 그래, 기도, 기도를 하자.

"하나님, 하나님, 끅끅, 하나님 …"

요셉은 설움이 복받쳐 차마 말을 이을 수가 없었다. 얼마를 울었을까. 진한 설움이 조금은 희석이 된 것 같았다. 아버지라면 이럴 때 어떤 기도를 드렸을까? 요셉이 야곱에게 기도를 어떻게 드려야 하는지 조언을 청했던 기억이 떠올랐다.

'요셉, 네 그릇에 맞는 기도를 드리거라. 하나님께 잘 보이려고 할 필요가 없어. 하나님은 네 속마음을 다 아시거든. 그리고 하나님은 지금 너의 상태, 네가 처한 상황을 가장 잘 아시는 분일뿐만 아니라, 우리를 오래 참아주시고 기다려 주시는 분이시지. 하나님께 드리지 못할 기도가 없고 드려서는 안 되는 기도는 없단다. 네가 하나님께 솔직할수록 하나님과 가까워지고, 하나님을 더 알게 되고, 하나님을 닮아가게 될 거야. 그런 과정을 통해 네 그릇도 기도도 더 성숙해지는 것이란다.'

요셉은 아버지 야곱이 이스라엘이란 이름을 얻게 된 일을 기억했다. 브니엘에서의 야곱의 기도는 결코 멋지고 성숙한 기도의 장면이 아니었다. 솔직함을 넘어 처절한, 차라리 씨름에 가까운 그런 기도였다.

"하나님, 제가 지금 형들에게 팔려 … 이 사막을 걷고 있습니다. 너무나 억울하고, 분합니다. 제가 이런 일을 당할 정도의 큰 잘못을 한 것인지 정말 모르겠습니다. 도대체 왜 제가 이런 일을 당해야 하는 것인가요? 아니, 왜 이런 일이 일어나도록 그냥 두셨나요? 앞으로 어떻게 살아가야 할지 너무나 두렵습니다."

순간 요셉의 마음에 깊은 슬픔이 사무침을 느꼈다. 뜨거운 눈물이 뺨을 타고 흘렀다. 그런데, 그 눈물은 요셉의 것이 아니었다. 아, 하나님, 하나님의 눈물이구나! 나와 동행하시는 하나님! 하나님이 나의 고통을 함께 견디며 함께 눈물을 흘리고 계시는구나! 한 낮의 태양보다 더 뜨거운 눈물이 요셉의 뺨을 타고 하염없이 흘러내렸다.

"살아가겠습니다, 살아내겠습니다, 어떻게든, 어떻게든, 꼭 살아있겠습니다."

기도에 대한 아버지의 첨언이 불쑥 떠올랐다.

'이방인들이 자기 신들에게 드리는 기도와 우리가 여호와 하나님께 드리는 기도는 큰 차이가 있단다. 왜냐면 저들은 약속이 없지만, 우리에겐 약속이 있기 때문이지. 약속이 없는 저들은 자신의 뜻을 자기 신들에게 구한단다. 이것이 잘 되게, 저 것이 잘 되게 해달라고 구하지. 그러나 우리는 하나님께 받은 약속에 대한 믿음으로 기도를 드린단다. 즉, 우리가 복이며, 복을 받을 것이며, 복 되게 할 것임을 믿고 그 약속, 즉, 하나님의 약속이, 하나님의 뜻이 이루어지길 기도드리는 것이지.'

요셉은 후들거리는 다리를 모아 겨우 무릎을 꿇었다.

"하나님, 저는 아브라함과 이삭과 야곱이 받은 약속의 상속자 입니다! 제가 바로 복이며, 복을 받을 것이고, 아니, 복을 받았고! 복되게 할 사람인 것을 믿습니다! 지금 처한 상황이 고통스럽고 이해하기 어렵지만, 하나님의 사랑과 약속을 붙들고 걸음을 내딛겠습니다! 제 삶 속에 하나님의 뜻이 이뤄지길 간절히 원하고 바랍니다!"

요셉의 머릿속을 휘젓던 생각들이 잠잠해졌다. 이것이 '믿음'인가 하는 생각이 들었다. '결과'라 여겼던 지금의 현실이 '과정'으로 느껴졌다. 하나님께서 두 번의 꿈을 통해 약속만 주신 것이 아니라 믿음도 주셨음을 알 수 있었다. 마음의 따스한 평안은 더없이 깊은 잠이 되어 요셉의 지친 몸을 땅에 뉘였다.

"여어, 오늘은 좀 살만한가 보네?"

요셉이 미디안 상인들에게 미소를 지어 보였다.

"허, 웃어? 그래, 죽을 상 짓는 거 보단 훨씬 낫구먼. 그래 야 네 몸 값도 더 받을 거 아니겠어? 자, 출발하자고. 아마 오늘 안에는 도착할게다. 태양신이 다스리는 나라에 말이다."

모래는 끈적이는 손을 내밀며 요셉을 집요하게 잡아당겼 지만, 그는 매번 죽을힘을 다해 발을 뽑아냈다. 태양이 그를 죽일 듯이 불살랐지만, 그는 지금 가는 곳, 태양신이 다스린 다는 나라를 향해 호기롭게 발을 내딛었다. 뜨거운 태양 아 래 고개를 푹 숙인 채였지만, 고통이 더할수록 생명에 대한 의지를 더욱 불태웠고, 고향과 멀어질수록 하나님을 더욱 간 절히 붙들었다. 요셉은 때론 이를 악물며, 때론 기도하며 모 래를 한 걸음씩 지르밟았다.

얼마나 걸었을까. 요셉을 끌고 가던 낙타가 멈추어 섰다. 순간 요셉의 볼에 시원한 바람이 맞닿아 왔다. 향긋한 물 내 음에 코끝이 저절로 벌름거렸다. 그제야, 요셉은 고개를 들 어 그의 눈앞에 펼쳐진 광경을 바라보았다. 게슴츠레했던 요 셉의 눈이 점점 커졌다. 말라비틀어져 제대로 나오지도 않는 목소리로 소리쳤다.

"허헉, 저 … 저 …"

뭐라고 불러야 할지도 모를 거대한 건축물들이 그를 압도했다. 수 많은 사람들, 그리고 그들의 화려한 복장, 시끌벅적한 소리, 다양한 물건들, 난생 처음 보는 인구요, 도시요, 국가였다.

"하하, 시골 촌놈이 꽤나 놀랐구먼. 여기가 바로 태양신의 나라, 애굽이다!"

태양신의 위용에 압도된 나머지 중얼거리던 기도마저 멈추어 버렸다. 무섭고 두려웠다. 절대로 와서는 안 될 곳에 와버린 것만 같았다. 사람들이 많은 곳에 도착한 미디안 상인들은 누군가에게 요셉을 넘기고는 껄껄거리며 사라졌다. 요셉은 자신을 가족들에게 돌아가게 해 줄 유일한 연결고리가 사라지는 것을 그저 지켜볼 수밖에 없었다. 손을 내밀며 그들을 불렀지만, 말라비틀어진 목청으로 새어 나오는 그의 울부짖음은 마치 도살장으로 끌려가는 양의 울음소리 같았다. 요셉은 그대로 털썩 주저앉았다. 다시금 절망감이 그를 휘감았다. 가족으로부터, 자신의 꿈으로부터 너무나 멀리 떨어져버린 것 같았다. 그의 어깨가 축 늘어졌다.

"물 좀 마시거라."

누군가 알 수 없는 언어로 요셉에게 물을 권했다. 애굽의 말은 요셉이 아는 말과 달랐다. 요셉은 물그릇을 받아 들고 는 벌컥벌컥 들이키며 그를 바라보았다. 물은 건넨 사람은 고급스러운 옷을 입은 노인이었다. 그를 보자 이삭 할아버지 가 떠올랐다. 그것은 비단 그가 나이가 많아 보였기 때문만 은 아니었다. 낯선 땅에 도착한 외국인 소년 노예에게는 이 삭 할아버지의 것처럼 익숙한 그의 미소가 방금 마신 생수처 럼 느껴졌다. 그의 옆에 노예상인으로 보이는 사람이 알 수 없는 언어로 웃음을 흘리며 몇 마디를 지껄였다. 요셉은 두 사람을 번갈아 쳐다보았다.

"미디안 상인들이 넘긴 녀석인데, 아주 독종이고, 또 양을 치던 종자라고 합니다. 아직 우리말은 모르지만, 보십시오, 생긴 것이 아주 영민해 보이니 가르쳐 쓰시면 쓸모 있는 녀 석이 될 겁니다."

"흠 …"

어리둥절한 요셉에게 그 고급스런 옷을 입은 노인이 말을 걸었다.

"이름이 뭔가?"

무슨 말인지 알아들을 수는 없었지만, 무엇을 묻는지 대 충 알 수 있었다.

"요셉…, 요셉!"

요셉은 자신의 가리키며 이름을 연신 외쳤다. 그가 요셉의 양 어깨를 붙잡고 일으켰다. 그리고는 누군가를 바라보며 요셉을 가리켰다. 요셉이 고개를 들어보니 스무 걸음쯤 떨어진 곳에 대여섯 사람이 말을 타고 있었는데 그 중 한 사람이 요셉을 물끄러미 쳐다보더니 고개를 끄덕였다. 그의 목에 걸쳐진 황금색의 거대한 인장에 눈이 부셨다. 노예상인이 요셉의 손에 묶인 끈을 풀어주었고, 요셉은 그 고급스런 옷을 입은 노인 - 보디발 장군의 가정총무를 따라 또 다른 미지의 세상으로 걸음을 옮겼다.

다른 종들에 이끌려 깨끗이 목욕을 한 요셉은 그들이 준 옷으로 갈아입고, 집안의 어른들에게 인사하는 순서를 가졌다. 그제야 요셉은 가정총무와 자신의 주인 - 보디발 장군의 얼굴을 똑바로 볼 수 있었다. 주인은 건장한 체구에 자신감이 넘쳐 보이는 사람이었다. 그는 가정총무를 많이 신뢰하는 듯 했다. 주인의 아내, 즉, 여주인도 있었는데, 요셉이 전에 보지 못한 화려한 외모의 여인이었다. 여인의 알 수 없는 미소에 요셉은 얼굴을 붉히며 고개를 푹 숙였다. 가정총무는 인사를 마친 요셉을 이끌고 다른 종들에게 몇 가지를 지시했다. 요셉은 그 날부터 애굽의 언어를 배우기 시작했고, 각종

건물의 바닥청소를 담당하게 되었다.

하루 일과를 다 마치고 잠자리에 누운 요셉은 생각할 틈도 없이 정신없이 흘러가고 있는 시간을 잠시 멈추어 세울 수 있었다. 삶을 살아가는 것이 아니라, 삶에 끌려가고 있다는 느낌을 지울 수 없었다. 이 상황을 이해해 보려 수 차례 머릿속을 헤매고, 믿음을 동원해 보려고도 했지만, 사무치는 절망감과 의심은 손쉽게 물러갈 것 같지 않았다. 어느새 잠든 요셉은 때론 신음하고, 때론 코를 골며 깊은 잠에 빠져들었다.

• • • • •

소년은 한참 동안 입을 다물고 있었다. 주먹을 쥔 손으로 입을 가린 채였다. 요셉도 말을 마치고는 엷은 미소를 띤 채 먼 산을 바라보고 있었다.

"놀라운 꿈을 꾼 뒤의 절망적인 고난 …"

소년이 계속해서 되뇌었다.

"그 고난 길에서의 하나님의 위로하심, 내 뜻이 아니라, 하나님의 뜻이 이루어지기를 구하는 기도 …"

소년은 잠시 멈추고는 고민하는 듯 이마를 손으로 짚었다.

"우연치 않은 보디발 장군과의 만남, 하지만, 애굽의 규모에 압도되어 버린 초라한 믿음 …"

소년의 독백을 듣고 있던 요셉이 소년의 옆으로 걸어와 말을 이었다.

"전에 고난에 대해 이야기를 했던 적이 있었네만, 하나님은 분명히 우리를 지키고 보호해 주신 다네. 하지만, 어떤 고난은 우리에게 닥쳐오지. 하지만 하나님께서 보호해 주지 않으셨다고 해서 하나님을 원망할 수는 없네. 사실, 하나님께서 손 놓고 계신다면 모든 고난과 고통을 우리가 다 감내해야 하는 것 아니겠나?"

"우리를 보호해 주시는 은혜는 마땅히 감사할 일이지만, 왜 은혜를 주지 않았냐고 원망할 수는 없는 것이지요."

요셉은 소년의 어깨를 짚었다.

"그렇다네. 하지만, 연약한 사람이 감내하기엔 너무나 힘든 고난과 고통을 그대로 두신다는 것이 원망스럽게 느껴질 때도 있다네. 심지어 억울하거나, 잔인한 죽음으로 귀결되는 경우에는 이해조차 어렵지. 하지만, 우리가 하나님의 경륜을 모두 다 이해할 수는 없네. 그러나 분명히 알게. 하나님은 사람이 당한 고통을 결코 관망하고 계신 것이 아닐세. 함께 슬퍼하고 고통 받으실 뿐만 아니라, 단 하나도 빠짐없이 기억하고 계시다는 것을 말이야. 사람이 당하는 모든 고통은 하나님 앞에 쌓이고 있다네. 하나님은 이를 반드시 갚아 주실 거야. 하나님은 이미 죄와 악을 향해 전쟁을 선포하셨고, 이는 반드시 하나님의 승리로 끝날 것일세."

소년은 고개를 끄덕이며 다른 주제의 질문을 던졌다.

"그런데, 총리님, 아니 요셉이 애굽에 오는 방법이 이런 방법 밖에 없었을까요?"

"음, 아니, 그것보다는 이스라엘 가족을 구원하실 방법이 내가 애굽에 오는 것 밖에 없었겠냐는 질문이 더 좋겠군."

소년이 머리를 긁적였다.

"하나님은 분명 이것 외에도 다른 수많은 방법으로 이스라엘 가족을 구원하실 수 있었을 것이네. 그런데, 하나님께서 내게 주신 꿈을 볼 때, 하나님은 나를 애굽의 총리로 세워 가족들을 구원하실 계획을 작정하신 것 같네. 그리고 내가 애굽에 꼭 와야 했다면, 그런 비극적인 사건이 아니어도 충분히 올 수 있었겠지. 혹시 모르지, 유학생으로 올 수 있었을지도, 하하. 다만, 실제로 일어난 사건에서 배울 수 있는 중요한 사실은 사람의 죄와 악으로는 하나님을 방해할 수 없다는 사실이네."

"그렇군요. 당신은 형들의 모의에도 불구하고 결국 이렇게 애굽의 총리가 되어 이스라엘 가족이 고센 땅에 정착하는 데 중요한 역할을 하셨지요."

요셉이 고개를 끄덕였다.

"그러나, 나는 애굽의 문명에 위축되고 말았지. 내가 처한 현실에 압도되고 말았다네. 이곳은 내가 믿는 믿음이 통하지 않는 땅 같았고, 되레 나의 하나님이 작아 보이기까지 했으니까. 과연 애굽에 팔려온 소년 노예로서 나는 어떻게 살아가야 하는 것일까? 어떤 해법이 있을까? 내가 선택하지도 않은, 하나님의 뜻으로부터 한참 멀어진 듯 한 삶에서 나는 무엇을 어떻게 해야 할까? 답도 없고, 있다 해도 너무나 어렵고 먼 길이 나를 괴롭게 할 뿐이었지."

"하 …"

소년도 답답한 듯 한 숨을 쉬었다. 요셉이 미소 지었다.

"그러나, 우리가 누구인지를 잊지 않는다면, 길이 보이기 마련일세."

첫 번째 회복

수주의 똑 같은 일상이 반복되었다. 요셉은 고된 하루를
마친 후, 이불을 뒤집어쓴 채로 하나님과의 씨름을 시작했다.

"하나님, 지금 저는 너무 멀리 와버렸습니다. 하나님께서
주신 꿈을 이루기 위해서라도 저는 지금 이 상황을 벗어나야
합니다. 암요. 하나님, 도와주세요. 아니, 하나님 혹시 제가
무엇인가 하길 원하시나요? 아, 혹시 제가 이곳을 탈출하기
원하시나요? 그렇다면, 주님, 제게 용기를 주시고, 길을 열어

주십시오!"

며칠 동안 요셉은 탈출할 방도를 고민하기 시작했다. 호기롭게 이곳저곳을 돌아다녀 보았지만, 방법은 요원했다. 그리고 탈출했다 잡히기라도 하면 죽음을 면하기 어려웠다. 탈출했다고 할지라도 가족을 찾는 것은 거의 불가능에 가까웠다. 찾았다고 해도, 만약 형들을 먼저 만난다면 … 침소에서의 씨름은 계속되었다.

"주님, 기적, 기적이 필요합니다. 저는 오늘도 이곳에서 물걸레질을 했습니다. 아, 주님, 답답합니다. 제가 지금 여기서 뭣하고 있는 것인가요? 그저 이대로 버티며 살아가야 하는 것인가요? 저는 이곳에서 노인이 되어 죽을 때까지 물걸레질을 해야 할지도 모릅니다. …"

다음 날 아침, 요셉은 여느 때와 마찬가지로 열심히 바닥을 쓸고, 물걸레질을 했다. 느릿느릿한 발걸음 소리가 들렸다.

"요셉, 지낼 만하니?"

가정총무 할아버지였다. 요셉은 감히 고개를 들지 못하고 인사를 올렸다.

"안녕하세요, 총무님, 잘 지내고 있습니다."

요셉이 자신의 심정을 제대로 말할 수 있을 리가 만무했다.

"말이 많이 늘었구나. 그런데, 흠 …, 네가 가족들에게 팔려 이곳까지 왔다고 들었다, 잘 지낼 리가 없을 것 같구나."

화들짝 놀란 요셉은 뭐라고 답해야 할지 알 수가 없었다.

"아 … 저 … 그, 그것이 …"

결국 요셉은 눈물을 터뜨리고 말았다. 아직 애굽의 법도는 잘 모르는 요셉이었지만 큰 실수를 한 것 같아 눈물을 금세 훔쳤다. 하지만, 북받쳐 오르는 감정은 쉬이 어떻게 할 수가 없었다.

"나 역시 애굽 출신이 아닐세. 나도 자네 같은 시절이 있었지."

요셉이 물끄러미 그를 바라보았다. 그가 요셉에게 단순히 인사를 건넨 것이 아님을 알 수 있었다. 그가 요셉의 어깨를 토닥였다.

"어떤 아이가 집에 가던 길에 달팽이를 한 마리 잡았다네. 손바닥에 올려놓고는 한참을 관찰하며 놀다가 집에 다다랐지. 그런데, 달팽이를 집에 가져가면 혼날 것 같아 소년은 집 근처의 풀숲에 달팽이를 놓아 주었다네. 그런데, 달팽이에게 이 새로운 풀숲은 너무나 생소했지. 심지어 자신을 올려놓은 잎은 생전 처음 보는 것이었다네. 자신의 의사와는 관계없이 강제이주를 당한 셈인데, 자네라면 달팽이에게 어떻게 하라고 일러주고 싶은가?"

요셉은 어렵지 않게 이것이 자신에 대한 이야기임을 알 수 있었다.

"만약, 달팽이가 원래 있던 곳으로 돌아가려고 한다면 어떻게 가야할지도 모르거니와 잘못하면 가던 길에 햇빛에 마르거나, 짐승 혹은 사람에게 밟혀 죽을지도 모릅니다. 그렇기 때문에, 지금 사는 곳에서 먹을 수 있는 풀들을 찾아보고 살아가다보면 그 곳 또한 새로운 터전이 될 수 있을 것이라고 일러주고 싶습니다."

총무가 고개를 끄덕였다.

"또한 중요한 것은 다른 모든 것은 바뀔 수 있어도, 달팽이가 달팽이라는 사실은 결코 바뀔 수 없다는 것이네. 그가 어디에 가든 그는 달팽이인 것이지."

요셉의 눈이 반짝였다.

"자신이 처한 상황을 수용하고, 내가 누구인지 잊지 않는 것, 그것이 그 달팽이가 살아남는 방법일 것일세."

총무는 느릿한 걸음으로 요셉을 향해 손을 흔들며 다른 곳으로 향했다. 요셉은 적잖은 위로를 받은 것 같았다. 어느새 밤이 다가왔고 요셉은 또 다시 하나님의 샅바를 붙들었다.

"하나님, 오늘도 저는 의미 없는 물걸레질을 하며 하루를 보냈습니다. 하나님은 아무 말씀도 없으시고, 시간은 정처 없이 흘러갑니다. 휴 …, 하나님 …, 휴 …, 아니, 내가 왜 이 기도를 계속하고 있는 거지?"

아무 해법도 없고, 하나님의 일하심도 전혀 볼 수 없는 상황 속에 그저 기도만 하고 있는 자신이 답답하게만 느껴졌다. 헌데, 그 순간 요셉의 마음속에 자리 잡고 있는 작지만 확실한 불씨가, '믿음'이 느껴졌다.

"하 … 이런 상황 속에서도 나는 하나님을 부인할 수 없고, 하나님께 매달릴 수밖에 없구나. 내가 분명히 그분을 경험했고, 알고 있으니 … 믿음이 있기에, 나는 이렇게 계속 기도하고 있구나 … "

요셉은 하나님이 어떤 분인지 생각해 보았다.

"하나님, 애굽의 신들은 태어나고 죽는다고 합니다. 그리고 그 신들은 감히 상상도 못할 엄청난 건축물들을 지었습니다. 그런데, 하나님은 태어나거나 죽는 분이 아니시며, 항상 존재하시는 분이십니다. 저들이 지은 건축물과는 비교도 할 수 없는 천지만물을 창조하신 분이십니다. 그리고 하나님, 아브라함의 하나님, 이삭의 하나님, 야곱의 하나님은 … 아브라함을 부르신 분이시며, 그를 어려움에서 구하신 분이시며, 이삭을 부요케 하신 분이시며, 야곱을 벧엘로 인도하신 분이시며 … 하나님은 사랑이시며, 화평이시며, 오래 참는 분이시며, 자비로운 분이시며 … 끄흑 … 흑 …"

요셉의 생각은 '하나님을 송축하는 기도'로 바뀌었고, 그 기도는 하나님과의 관계를 회복케 하고, 믿음을 더하게 하는 것 같았다.

" … 하나님은 저를 사랑하십니다. 암요, 확신합니다. 조상들의 기억이, 저의 기억이 증명합니다. 이곳에도 하나님 사랑이 미치지 않을 리가 없습니다. 아, 하나님, 제가 이곳에 있게 된 것을 하나님이 모르실리가 없습니다. 아니, 하나님은 이곳에 계시며, 분명히 이 모든 것을 알고 계십니다."

오전에 가정 총무가 했던 말이 떠올랐다. 상황을 수용하고, 내가 누구인지 잊지 말아라. 아, 어쩌면 하나님께서 그를 통해 내게 말씀하셨나 보다. 요셉은 자신이 누구인지 고백하기 시작했다.

"저는 하나님의 자녀이며, 하나님의 약속을 받은 사람입니다. 저는 복이며, 복 받을 사람이며, 복이 될 사람입니다 … 아, 주님, 믿습니다. 저는 이미 복을 받았습니다. 저는 이미 복입니다. 그러므로 저들에게 복이 되는 삶을, 하루를 살겠습니다."

달팽이가 먹을 풀이 정해져 있듯, 자신이 누구인지 알게 되니 어떻게 살아야 하는지가 분명해졌다. 이스라엘의 아들답게 요셉은 하나님과의 오랜 씨름에서 결국 승리하고 말았다. 내일부터 어떻게 살아가야 할지 명확하게 알 수 있었다. 그는 자신이 처한 상황을 인정하고 수용했다. 디나 누나처럼, 이 상황도 나의 일부분이라는 것을 받아들이기로 결심했다. 그리고 자신이 어떻게 할 수 없는 일들은 이 모든 것을 아시고, 지금 이곳에서도 변함없이 주인이신 하나님 앞에 내려놓기로 했다. 그에게 주어진 것은 지금 그리고 여기였다. 그리고 그가 할 일은 바로 '복이 되는 것'이었다.

●　●　●　●　●

"수용과 자신을 잊지 않는 것."

소년의 정리에 요셉이 끄덕였다.

"하나님은 하나님을 모르는 사람을 통해서도 말씀하시는군요."

"물론, 하나님은 모든 자, 모든 것의 주인이시니까. 그리고 모든 진리는 결국 하나님의 진리로 통하는 법이지. 그 가정총무님은 자신의 삶을 통해 그런 지혜를 얻었겠지만, 그 지혜가 진리에 닿아 있다면 결국 하나님의 진리에 맞닿은 셈이야."

소년은 고개를 끄덕였다.

"결국 이 모든 세상과 그 세상의 질서를 하나님께서 창조하셨으니, 하나님을 모르더라도 그런 진리를 발견할 수도 있겠군요. 마치, 물건을 던지면 아래로 떨어진다는 진리처럼요."

"맞네. 하지만 그것만으로는 충분치 않네. 그 진리를 하나님과의 진실한 관계 안에서 볼 수 있어야 그 진리의 참 된 결과에 도달할 수 있는 걸세."

"그 가정총무님이 자신이 누구인지 잊지 말아야 한다는 진리를 전했지만, 당신은 하나님과의 관계에 그 진리를 적용했고, 당신이 하나님의 자녀이며 약속을 받은 자임을 상기했던 것 처럼요."

요셉이 양 엄지를 치켜들며 호응했다.

"그런데 복이 된다는 것은 어떤 것인가요? 구체적으로 어떻게 행동하는 것이죠?"

"자네의 생각은 어떤가?"

"음, 아브라함과 이삭의 예를 보자면 … 다른 사람의 어려움을 돕는 것? 양보하는 것? 다투지 않는 것?"

"음, 그렇게 드러날 수 있겠지. 그런데 좀 더 본질적으로 접근한다면 말이야, 음, 혹시 자네가 지금 내게 줄 수 있는 물건이 있을까?"

갑작스러운 질문이었다. 소년은 주섬주섬 자신이 가지고 있는 것들을 추려 꺼내 보았다. 보잘 것 없어 보이는 것들이었지만, 개중의 몇은 소년에게는 소중한 것들이었다.

"여기 제가 가진 것 원하시면 모두 드릴 수 있어요."

요셉이 미소를 지으며 재차 물었다.

"그렇군, 자네가 이것들을 내게 줄 수 있는 이유는 무엇인가?"

"제가 요셉 총리님을 신뢰하기 때문이죠."

"하하, 고맙네. 그런데 그런 이야기를 하는 게 아닐세. 자네가 이 물건들을 내게 줄 수 있는 이유는 …"

"아, 제가 가지고 있었기 때문이죠!"

요셉이 미소 지었다.

"맞아, 자네가 가지고 있었기 때문에 내게 줄 수 있는 것이지. 그렇다면, 복은 … ?"

"아, 하나님께서 우리에게 복을 약속하신 것은 바로 하나님이 복이시고, 복을 가지고 계신, 복을 주실 수 있는 분이시기 때문이군요!"

"자네에게 지혜를 주신 주님께 감사를!"

소년이 멋쩍은 듯 헤헤 웃었다.

"그 말인 즉 슨, 우리가 복이 되기 위해서는 하나님을 닮아야 한다는 것 일세."

"아, 기억나요. 하나님을 닮기 위해서는 하나님과 자주 만나고, 하나님을 자주 생각하고, 그래서 하나님을 닮아가고, 하나님께 순종하며 사는 사람이 복된 사람이라는 것이죠. 그래서 복된 사람은 하나님을 경배하고 기도하는 것, 하나님께서 우리에게 주신 말씀에 대해 깊이 생각하는 것을 즐거워하는 사람이고, 악한 것을 떠나 하나님이 기뻐하실 만한 선한 삶을 살아가는 사람이라고 하신 것이 기억납니다."

"그래, 그렇다면 하나님의 어떤 점을 닮아야 하는 걸까? 다시 말 해 하나님께서 우리가 당신의 어떤 점을 닮기 원하실까?"

"하나님의 성품? 하나님의 … 아이고, 모르겠어요."

요셉이 재밌다는듯 크게 웃었다.

"하나님은 한 마디로 표현하자면, 어떤 분일까? 음, 애굽의 신들과 하나님의 다른 점은 무엇일까?"

소년은 깊이 생각했다. 마음에 어떤 감동이 일어 올랐다. 애굽의 신들과 하나님의 다른 점. 바로 그것은,

"완전함."

요셉은 하나님께서 소년에게 지혜를 주셨음을, 아니 자신을 계시하셨음을 느낄 수 있었다. 참으로 행복한 대화의 시간이었다.

"그렇다네. 하나님은 완전한 분이시고, 그의 자녀가 자신을 닮아 완전하기 원하신다네."

"그러나, 사람이 어떻게 완전에 도달할 수 있을까요?"

"사람으로서는 할 수 없지만, 하나님으로서는 할 수 있다고 믿네. 그러니, 우리가 완전해질 수 있느냐, 없느냐를 논하기보다는 완전해지기를 원하느냐를 논해야겠지."

"아, 하나님을 사랑하는 자만이, 그 약속을 믿는 자만이 하나님을 닮아 완전해지고자 하는 소망을 가지게 되겠군요."

요셉이 고개를 끄덕였다.

"완전함이라는 것은 '하나님처럼 되어야 한다'는 것이 아닐세. 결코 그럴 수 없지. 내가 이해하는 그 완전함은 바로 '관계의 완전함'일세. 하나님이 우리와 완전한 관계를 맺으시듯이 우리가 이웃과 완전한 관계를 맺기 원하시는 것이지."

"이런 생각이 듭니다. 완전한 관계가 뭔지도 모르는 상태에서는 실천도 할 수 없다는 것이지요. 결국 하나님과 진실한 관계를 경험한 사람이어야 타인과도 완전한, 진실한 관계를 맺을 수 있을 것 같아요."

소년의 지혜로운 대답에 요셉의 눈시울이 뜨거워졌다.

"그렇다네. 완전한 관계는 하나님으로부터 경험하고 배울 수 있네. 그러나 하나님을 닮은 사람을 통해서도 경험할 수 있지. 하나님의 자녀, 하나님의 약속을 받은 자들이 바로 그런 사람이 되어야 할 것이네. 그리고 그들의 그런 삶이야말로, 하나님을 전하는 삶이라고 할 수 있지."

"요셉, 당신이 경험한 하나님과의 관계는 어떤 것인가요?"

"흠, 무엇보다도 나를 사랑하시고, 또 보호하시고, 기다려주시고, 도와주시고, 정직하시고, 정의로우신 그런 하나님과의 관계를 경험했다네. 그리고 나는 보디발의 종으로서 그렇게 살아가기로 결심했다네."

복 된 자의 하루

매일 찾아오는 아침. 그러나 새로운 아침. 특히나 오늘의
아침은 소망을 한껏 품고 요셉을 찾아온 듯 했다. 아침 조회
에서 만난 가정총무와 다른 종들이 더욱 반갑게 느껴졌다.
청소도구가 잔뜩 들어있는 양동이마저 평소보다 가볍게 느껴
졌다. 요셉은 청소도구를 내려놓고는 어떻게 쉽고 빠르고 청
결하게 청소를 하면 좋을지 구상해 보았다. 그리고 마치 자
신의 집을 청소하듯 정성을 다해 바닥을 쓸고 닦았다.

'하핫, 내가 바닥을 쓸고 닦는데 이런 재능이 있는지 몰랐

는걸. 음, 주님, 오늘도 이 청소를 통해 복이 되게 해 주세요.'

다른 종들이 요셉의 바뀐 모습을 보고 수군거렸다.

"요셉이 무슨 좋은 일이 있나? 오늘 꽤 기분이 좋아 보이네?"

"걸어 다니면서도 중얼중얼하는 것이 반 실성한 것 같기도 하고. 뭐 어쨌든 울상으로 다니는 것보다야 훨씬 낫군."

평소보다 일찍 일을 마친 요셉은 아직 일을 다 마치지 못한 종들을 찾아 나섰다. 그리고 공손히 제안했다.

"오늘 모처럼 일을 좀 일찍 마쳤는데, 좀 거들어 드릴까요?"

"어, 좋지! 이 은혜를 내가 꼭 갚겠네."

"아이고, 뭘요. 어서 시작하시죠."

엊그제 새로 들어온 피부가 검은 어린 종을 씻기며 위로했다.

"지금 마음이 많이 힘들지? 나도 이곳에 온지 얼마 안 됐어. 함께 잘 지내보자. 네가 용기를 내야 좋은 일도 더 많이 생기는 법이니까, 기운 내자. 네가 괜찮으면 형이라고 불러도 돼."

요셉은 복이 될 기회를 찾아 다녔다. 먼 미래, 장래보다는 오늘 하루를 복으로 살아가는데 초점을 맞추었다. 장래는 볼 수도 아니, 볼 필요도 없었다. 간혹 자신의 처지가 이대로 계속되는 것인가 하는 두려움과 막막함이 닥쳐오곤 했지만, 이곳에서도 주인이시며, 자신을 사랑하시는 하나님을 신뢰하는 믿음으로 견뎌 내었다.

그는 시간이 날 때 마다 기도했다. 아니, 가능한 모든 시간에, 걸으면서도, 일하면서도 하나님과의 대화를 시도했다. 하나님과 더 자주 만나고 싶기 때문이었다. 그리고 하나님이 주시는 지혜를 힘입어 참 된 복이 되고 싶기 때문이었다. 실제로 요셉은 꽤 일머리가 있다는 호평을 받았는데, 요셉이 일을 맡으면 굉장히 효과적으로 탁월하게 해내기 때문이었다. 요셉은 그 모든 공을 하나님의 은혜로 돌렸다.

"가장 지혜로우시며, 나를 사랑하시는 하나님, 오늘도 복된 하루를 살게 하셨으니 감사합니다. 참, 오늘 포도즙을 내어 가죽 부대에 담았는데, 한 개도 터뜨리지 않고 잘 담게 해주셨음에 감사를 드립니다. 제 삶을 통해 하나님의 뜻이 온전히 이뤄지기를 원하며, 이곳에 하나님의 뜻이 온전히 이루어지기를 기도드립니다."

"저기 … 요셉 … ?"

요셉의 기도가 마치기를 기다린 한 종이 요셉을 조심스럽게 불렀다.

"네? 무슨 일이시죠?"

"아니, 자네의 신은 포도즙을 담는 가죽 부대에도 신경을 써 주신다는 말인가?"

요셉은 자신이 섬기는 신을 그 종에게 소개했고, 그 분이 어떤 분인지 자신이 경험한 것을 나눴다. 점차 모든 사람들이 요셉이 여호와 하나님이란 신을 섬기는 것을 알게 되었고, 그 하나님이 요셉이 하는 모든 일을 형통하게 하신다는 사실을 인정하게 되었다. 요셉은 그렇게 청년이 되어 갔다.

"요셉."

허리가 많이 굽은 가정총무가 일하고 있는 요셉의 어깨를 살포시 짚었다.

"네, 총무님, 무슨 일이시죠?"

"잠시 나와 주인님 좀 뵈러 가게나."

"주인님이요? 네, 알겠습니다. 지금 일하던 중이라 씻고 찾아 뵈도 될는지요?"

"그렇게 하거라, 내 집무실로 오려무나."

요셉은 서둘러 씻고 옷을 갈아입었다. 대부분의 종들은 주인 보디발 장군을 만나는 것을 두려워했다. 자신의 생사여탈권을 지닌 대상을 만나는 것이 어렵지 않다면 오히려 이상한 것이리라. 하지만, 요셉은 달랐다. 하나님이 누구이신지, 내가 누구인지, 하나님과 나의 관계가 어떤 것인지 확신하게 된 뒤로부터는 누구를 대하더라도 주눅 들지 않았다. 항상 당당하게, 하지만 겸손하게 사람들을 대했고, 사람들은 그런 요셉에게 매력을 느꼈다.

"요셉, 어서 오게."

요셉은 주인과 잠시 눈을 맞춘 뒤, 정중하게 고개를 숙이며 예를 갖추었다. 주인이 말을 이었다.

"네가 이곳에 와 청년이 다 되었구나."

"주인님께서 돌보아 주신 덕택에 이렇게 잘 지내고 있습니다."

요셉이 이토록 건강한 청년으로 성장할 수 있었던 것은 보디발 장군을 통한 하나님의 은혜였다. 마땅히 장군에게도 감사할 일이었다. 뜸을 들이던 주인이 한 숨을 내쉬었다.

"후, 가정총무가 이제 그 자리를 내려 논다고 하네."

요셉은 당황스러웠다. 그 분이 아닌 다른 총무는 상상도 할 수 없었다. 요셉이 총무를 돌아보았다.

"허허, 난 이제 많이 늙었잖니. 그리고 이 정도면 이제 쉴 때도 되지 않았나요, 주인님?"

"후, 그래, 정말 수고 많았네. 내 아버지 때부터 일해 온 자네인데, 이제 일을 내려놓고 여생을 즐긴다 해도 어찌 막을 수 있겠는가."

섭섭하고 아쉬운 마음이 채 가시기도 전에 주인이 말을 이었다.

"나와 총무는 자네가 섬기는 여호와께서 자네와 함께하심을 보았네."

주인이 무슨 말을 하려는 것인가, 요셉은 어리둥절했다.

"그리고 그 하나님께서 자네를 범사에 형통케 하심을 보았네. 이제 내가 자네를 가정총무로 삼아 나의 모든 소유를 자네에게 위탁하고자 하네. 물론 여기 총무도 같은 생각일세."

가정총무는 고개를 끄덕였고 요셉은 당황스러움을 감추지 못했다. 그러나 오랜만의 이 변화를, 이 기회를 놓치고 싶지 않았다.

"아, 제게 그럴만한 자격이 있을지 모르겠지만, 하나님께서 감당케 하실 줄 믿습니다. 주인님의 뜻에 따르겠습니다."

그가 요셉에게 자기의 집과 그의 모든 소유물을 주관하게 한 때부터 여호와께서 요셉을 위하여 그 애굽 사람의 집에 복을 내리시므로 여호와의 복이 그의 집과 밭에 있는 모든 소유에 미친지라 주인이 그의 소유를 다 요셉의 손에 위탁하고 자기가 먹는 음식 외에는 간섭하지 아니하였더라 (개정, 창세기 29:5, 6)

• • • • •

"와, 간만에 속이 다 시원해지는 이야기였네요."

소년이 가슴을 쓸어내리는 것을 보며 요셉이 미소 지었다.

"드디어 고생 끝 행복 시작이군요. 가정 총무에서 총리가 되시기까지의 이야기가 너무나 기대됩니다. 과연 하나님께서는 어떻게 일하셨을까요?"

요셉이 쿨럭 기침을 했다.

"아, 자네는 그 소식을 알지 못하는구먼?"

"어떤 소식 말인가요?"

"내가, 실은 … 그 후에 성폭행 미수로 수년 동안 옥살이를 했었다네."

"에? 에엣? 네에엣?"

"그것도 여주인님에 대한 혐의였네."

소년은 너무 당황한 나머지 찻잔을 엎어 쏟고 말았다. 소년이 요셉을 바라보는 눈빛이 조금은 달라진 것을 느꼈다. 요셉은 쏟아진 차를 훔치며 미소를 지었다.

"너무 그런 눈으로 보지 말게. 무혐의로 결론 났으니까."

"아, 진짜 놀랬잖아요!"

"복이 되는 삶을 살기로 한 내가 하나님 앞에서 어찌 그런 범죄를 저지를 수 있겠는가? 여주인이 끈질기게 나를 유혹했지만 나는 아예 함께 같은 공간에 있는 것조차 피했다네. 정말 인간의 탐욕이란 것이 얼마나 집요한 것인지 적나라하게 볼 수 있었지. 그런데 하루는 여주인이 내 옷을 붙들고 끈질기게 유혹하는 것이 아닌가. 그래서 나는 붙잡힌 옷을 버려두고 뿌리치며 나왔지. 그런데, 그게 화근이 되었어. 여주인이 날 가질 수 없다고 생각하자 망가뜨리고자 한 것인지, 내가 여주인을 욕보이려다가 도망 간 것으로 온 집안에 소리쳐 소문을 내고 주인에게도 그리 고했다네."

소년이 가슴을 쳤다.

"아이고, 또 고구마 같은 이야기네요. 아이고."

"주인님은 심히 노하여 나를 왕의 죄수들을 가두는 옥에 잡아넣었다네."

소년이 물을 벌컥벌컥 마셨다.

"그런데 말이지 …"

"에, 뭐가 또 있나요?"

"아, 아니, 그게 아니고, 이런 말하기가 너무 미안한데, 이후의 이야기는 다음에 나누도록 하세."

"에, 에?"

소년은 대왕고구마를 먹다 목에 걸린 듯 가슴을 쳐 댔다. 하지만, 요셉을 종용할 수는 없는 노릇이었다. 실은 요셉은 소년이 이 사건을 홀로 생각할 충분한 시간을 주고 싶어 이야기를 끊고 귀가를 권한 것이었다. 지금까지 지켜봐 온 대로라면, 소년은 분명 생각의 열매를 맺을 것이란 기대가 되었다.

소년의 귀갓길은 여느 때보다도 길게 느껴졌다. 이는 요셉이 말한 세 번의 절망 중 두 번째 절망이 분명했다. 소년은 너무나 이해하기 어려웠다. 어째서 요셉은 그런 일을 겪어야 한 것일까? 하나님은 무엇 때문에 그런 죄악에 자신의 자녀가 희생되도록 그냥 두시는 것인가? 그를 형통케 하시는 하나님께서 그를 죄악으로부터 보호해 주실 수 없단 말인가? 한참을 답답해하던 소년은 고난과 고통에 대해 나눈 이야기들을 떠올려 보았다. '나의 죄악이 원인이 아닌 고난'이 닥쳐오는 이유를 이해하는 것은 어렵다. 오히려 죄악에도 불구하고 고난은 커녕, 형통이 임하는 경우도 있지 않는가? 마음과 생각을 집중해야 하는 것은 이 고난 가운데 하나님께서 함께 고통 받으시고, 함께 견디시며, 마침내는 고난을 뜻을 이루는 도구로 사용하신다는 것이다. 소년은 어느새 집 앞에 당도해 있었다. 정말로 하나님을 신뢰한다면, 고난이 닥쳐올 때 오히려 기뻐할 수 있지 않을까 생각했다. 요셉을 보니 그랬다. 고난을 견뎌낸 후에는 놀라운 일이 펼쳐졌으니까. 소년은 평안한 마음으로 잠자리를 정리했다. 그리고 처음으로 하나님 앞에서 무릎을 꿇었다.

"나를 찾아오신 하나님, 감사합니다. 내 삶을 통해서도 하나님의 뜻이 이뤄지길 기도드립니다."

• • • • • •

"음, 이번에 새로 들여온 차인데 향이 좋군, 자네도 한 잔 들어보게."

하지만 소년은 그다지 찻향에는 관심이 없는 듯 보였다.

"지난번에는 보디발의 아내 사건에 대해 말씀해 주셨습니다. 그 사건으로 교도소에 가게 되셨다고요. 그 상황을 어떻게 이해하셨는지, 어떻게 느끼셨는지 그리고 어떻게 극복하셨는지 궁금합니다."

소년의 추측과는 다르게 그의 표정은 전혀 복잡해 보이지 않았다. 하지만, 그가 신중해졌음을 느낄 수 있었다. 아마 적절한 표현을 찾는 중이리라. 소년은 요셉의 근사한 문장을 기대했다.

"미쳐버릴 것만 같았지, 정말 최악이었어. 죽어버리고 싶었지. 정말 절망의 극한이었어. 아니, 물론 그 뒤에 더 끔찍한 일이 있긴 했지만, 여하튼 그 창창한 나이에, 처음 겪는 절망은 아니었지만 … 그래도 … 그런 나이에 감당해 낼 수 있는 일은 … 결코, 결코 아니었지."

소년은 요셉의 과격한 표현에 당황했다. 꽤나 정제된 언어를 구사하는 그가 갑자기 수다쟁이가 된 것처럼 당시의 감정을 마구 쏟아내고 있었다. 답답함을 벗어나려는 듯 가슴에 걸친 금장의 장신구를 급히 벗은 그는 물 컵을 한 잔 들이키며 물끄러미 먼 산을 바라보았다. 이미 지나간 일이지만, 요셉에게 무척 힘든 경험이었음을 느낄 수 있었다.

두 번째 절망

> 요셉은 용모가 빼어나고 아름다웠더라 그 후에 그의 주인의 아내가 요셉에게 눈짓하다가 동침하기를 청하니 요셉이 거절하며 자기 주인의 아내에게 이르되 내 주인이 집안의 모든 소유를 간섭하지 아니하고 다 내 손에 위탁하였으니 이 집에는 나보다 큰 이가 없으며 주인이 아무 것도 내게 금하지 아니하였어도 금한 것은 당신뿐이니 당신은 그의 아내임이라 그런즉 내가 어찌 이 큰 악을 행하여 하나님께 죄를 지으리이까 여인이 날마다 요셉에게 청하였으나 요셉이 듣지 아니하여 동침하지 아니할 뿐더러 함께 있지도 아니하니라 (개정, 창세기 39:7~10)

요셉은 멍하니 벽을 바라보고 있었다. 아니, 할 수 있는 것이 그것 외엔 아무것도 없었다. 이젠 해야 할 일도, 계획도, 미래도, 아무것도 없었다. 아니, 원래 꿈꾸는 일이라면 둘째가라면 서러운 그였지만, 감옥에 갇힌 죄수에겐, 심지어 강간미수범에겐, 그 모든 것이 '압수당한 가정총무의 인장'과

다를 바 없었다. 심하게 매를 맞아 거의 걸을 수 없는 지경이었지만, 육신의 고통 보다, 억울함 보다, 빼앗긴 미래에 대한 절망이 더 크게 다가왔다.

"아아, 설마 이렇게까지 될 줄이야."

도단의 마른 우물에 갇혔을 때 그를 찾아왔던 공포가 스멀스멀 올라왔다. 형들의 수군거림이 길어질수록 점점 짙어졌던 그 절망의 냄새는 결코 잊을 수가 없었다. 입 밖으로 새어 나오는 신음을 애써 손바닥으로 막으며 차가운 바닥에 고꾸라졌다.

"끄윽, 끄윽"

"시끄러! 조용히 해!"

그에게 매질했던 간수의 호통이 그의 등을 더욱 굽게 만들었다. 어둠의 숨 막히는 시선을 피하고자 눈을 질끈 감았다. 눈꺼풀 위로 자신이 겪은 일들이 생생히 보이는 듯했다.

요셉이 가정총무가 되면서부터 그를 바라보는 여주인의 눈빛이 심상치 않았다. 잘 못 보았으려니 생각했지만, 여주인의 눈짓은 점점 노골적으로 바뀌었고, 급기야 대놓고 요셉을 유혹하기 시작했다. 요셉은 결코 주인을 배신할 수 없으며 하나님께 죄를 지을 수 없음을 수차례 선언했으나, 여주인은 포기할 줄을 몰랐다. 드디어 오늘, 여주인이 재차 유혹하며 붙잡은 옷을 놓지 않자, 아예 벗어버리고 도망쳤다. 여주인은 마치 그가 그녀를 욕보이려 한 것처럼 소리를 치며 난동을 피웠다. 많은 종들이 그 소리를 들었지만, 그 누구도 요셉을 붙잡거나 추궁하지 않았다. 요셉은 자신의 집무실에서 잠잠히 기다렸다. 주인은 요셉을 신뢰했지만 자신의 명예를 떨어뜨릴 순 없었고, 그는 결국 감옥으로 끌려오게 된 것이었다.

요셉은 수 일간 식음을 전폐했다. 아니, 목구멍으로 아무것도 넘어가지 않았다. 마치 죽음이 드리운 것처럼, 요셉의 몸과 영혼이 더 이상 생명을 유지할 의미를 찾지 못하는 것 같았다. 요셉은 바닥에 드러누운 채 자신의 삶을 수없이 회상했고, 어디서부터 잘 못 된 것인지 찾고 또 찾았다.

수백 번도 더 반복된 기억의 끈이 다시 한 번 이곳 - 감옥에까지 이르자 요셉은 불현듯 눈꺼풀을 힘겹게 들어올렸다. 축축하고 딱딱한 바닥이 시야를 가득 메웠다. 바닥에 고인 물이 시퍼렇게 멍든 자신의 낯선 얼굴을 비치고 있었다. 고개를 돌려 천정을 바라봤지만, 아무것도 보이지 않았다. 어둠 때문인지, 실제로 그런 것인지, 가늠할 수 없는 천정의 높이마저 두려움을 더하고 있었다. 요셉은 자신의 존재를 감추려는 듯 몸을 더욱 웅크렸다.

믿음을 선택한 대가는 너무 혹독했다. 아니, 하나님과의 신뢰를 지킨 대가, 아니, 복이 되려고 했던 대가라고 해야 하나. 복이 되려 했으나 저주가 되어버린 것 같았다. 아버지와의 신뢰를 지키고자 형들의 잘못을 일러바치다가 애굽에 종으로 팔려왔건만, 두 번째 절망 또한 주인에게, 하나님께 신뢰를 지킨 결과였던 것이다.

"아아, 하나님, 당신은 살아 계시죠? … 암, 암요, 살아 계십니다. 당신이 계시지 않는다는 것은 제 삶을 부인하는 것이나 마찬가지입니다."

요셉은 신음하듯 하나님을 찾았다. 비록 애굽에서 종의 신분으로 살아가게 되었지만, 요셉은 하나님의 동행하심을 경험 아니, 확신할 수 있었다. 그의 크고 작은 수많은 기도에 응답하셨고, 갖은 난관을 헤쳐 나갈 수 있도록 길을 여시고, 그가 손대는 모든 일을 형통하게 하시며, 그가 가정총무까지 되게 하신 것을 결코 부인할 수 없었다. 분명 하나님이 하셨다고 밖에 할 수 없는 일들을 경험했다. 혹시, 착각일까? 아니, 설사 그것이 착각이라고 해도 기도 가운데 하나님과 진실한 교제를 경험했던 것은 결코 부정할 수 없었다. 그것마저 착각이라면 정신병자나 다름없는 것이니까. 다른 사람들이 '운'이라고, '실력'이라고 부르는 것을 그는 '응답'이라고, '도우심'이라고 불렀다. 누군가는 '독백'이라고 하는 것을 그는 '기도'라고, '교제'라고 불렀다. 그래서 그는 여주인의 음탕한 유혹 앞에서도 더욱 담대할 수 있었다. 그는 결코 '살아계신 하나님, 좋으신 하나님'을 배신할 수 없었고, 아니, 하나님을 닮은 완전한 자가 되고 싶었고, 이 또한 하나님께서 헤쳐 나갈 수 있도록 도우실 것이란 기대가 있었다. 물론, 그 선택으로 인해 곤란한 일을 겪게 될 수도 있겠지만 말이다. 하지만, 하나님을 믿는 사람으로서 그 정도 희생도 감수하지 않으랴? 그런데, 설마, 이렇게까지 될 줄은 몰랐다. 도저히 희망이라고는 찾아볼 수 없을 것 같은, 끝의 끝에 끝이 있다면, 그 끝의 끝자락까지 떨어져 버린 것만 같았다.

"아아, 당신을 알 수 없습니다. 당신이 어떻게 일하시는지 도무지 모르겠습니다."

이것은 거의 신음이었다. 모른다, 모르겠다 … 그런데, 정말, 모를 것 같은 일들이 어렴풋이 떠올랐다. 그의 아버지 야곱으로부터 전해 들었던 이야기들이었다. 아브라함에게 이삭을 번제로 바치라고 하셨던 일, 디나가 성폭행을 당했던 일, 이삭이 그 거주지에서 쫓겨나고 또 우물을 빼앗겼던 일 등 무엇 때문에 그런 일을 당해야 하는 지 알 수 없는 일들이었다.

'하나님은 분명히 복주시고 보호해 주시는 분이시지만, 어째서인지 어떤 고난은 정말 거침없이 덮쳐온다. 마치, 오늘 이 일처럼 …'

그 정말 모를 것 같은 일들의 후에 어떤 일들이 벌어졌는지 요셉은 잘 알고 있었다. 아브라함은 이삭을 번제로 바치려다 하나님께 믿음을 인정받았고, 디나는 아픔을 극복하고 마음의 치유자가 되었으며, 이삭은 방해꾼이 없는 넓은 땅을 찾아 더욱 번성할 수 있었다. 그리고, 요셉은 자신의 경험도 뒤돌아보았다. 그리고는 이런 상황에서 미치지 않고서야 믿을 수 없는, 여전히 하나님이 자신을 사랑하고 계신다는 믿음이 갑작스럽게, 그리고 강하게 그의 마음을 강타했다.

"껄껄껄껄, 으하하하하!"

요셉이 갑자기 미친 듯이 웃어댔다. 간수들이 겁에 질려 소리쳤다.

"이이거, 미쳐버린 게야?"

한참을 웃던 요셉은 갑자기 몸을 추슬러 무릎을 꿇었다.

"하나님, 지금 너무 힘들고 아픕니다. 그러나 고난의 이유를 헤아리지 않겠습니다. 다만, 하나님께서 저와 함께하고 계시며, 이 고난을 통해 일하실 것을, 반드시 일하실 것을 믿습니다. 아니, 이 고난을 통해 보란 듯이 하나님의 뜻을 이루실 줄을 믿습니다. 아니, 아니, 내가 믿는 게 아니야, 미치지 않고서야 이를 어떻게 믿는단 말인가? 믿게 해 주신 게야. 으하하하, 으하하하하!"

그의 웃음소리와 함께 퉁퉁 부은 입술 안에 고인 침이 사방으로 튀었다. 요셉이 소리 질렀다.

"그래, 끝의 끝, 그 끝의 끝에서라도 나는 복이 되리라! 사망아 네가 어디 있느냐! 나를 어디로든 끌고 가보아라! 내가 죽더라도 하나님이 복이 되게 하시리라! 으하하하하하!"

쿵쾅거리는 소리가 들렸다. 이젠 소리만 들어도 알 수 있는, 주인의 발걸음 소리였다. 다만 감옥이라 그런지 더 크게 울리는 것 같았다. 창살 바로 앞에서 주인의 다급한 발걸음 소리가 멈췄다.

"요, 요셉?"

요셉은 힘겹게 창살을 붙들고 일어섰다. 고개를 숙여 대답을 대신했다.

"자네 괜찮은가?"

겁에 질린 듯한 간수들이 보디발의 뒤에서 요셉을 살피고 있었다. 아마도 요셉이 미쳐버렸다는 간수들의 보고를 듣고 달려온 모양이었다. 요셉의 눈빛을 본 보디발이 안도의 한숨을 내쉬었다. 요셉과 주인은 눈빛만 봐도 서로의 생각을 알 수 있는 그런 사이였으니까.

"요셉, 자네의 하나님께서 자네를 지키고 보호하시길 바라네. 내 아내의 행실은 내가 잘 알고 있네. 하지만, 이것이 내가 할 수 있는 유일한 결정이었음을 이해해 주었으면 하네."

보디발은 몰골이 말이 아닌 요셉을 차마 계속 쳐다볼 수가 없었다. 요셉의 하나님께 두려운 마음마저 들 정도였다.

"나름 왕의 죄수들을 가두는 곳에 넣어 주었건만, 어째 이런 흉한 꼴이 된 겐가?"

요셉의 침묵을 뒤로하고 보디발이 간수들을 노려보았다.

"아니, 사람을 어떻게 이 지경으로 만든 게야!"

장군의 호통에 간수들은 땅에 머리를 부딪치며 변명했다.

"듣기로 장군님의 아내 분에게 … 못, 못할 짓을 했다 하여 … 이, 일단 즉결 태형을 …"

보디발이 이마를 붙들며 다시 한 번 큰 한 숨을 쉬었다.

"후우, 그래도 내가 아끼던 종일세. 몸을 잘 추스를 수 있도록 해 주게나. 먼저 옥부터 바꾸어 주게. 이런 더러운 곳에 있을 자가 아니야. 그리고 그가 필요로 하는 것이 있다면 내어 주도록 하게나."

간수들은 의아해하면서도 옥의 열쇠를 주섬주섬 챙겼다.

요셉은 새로운 옥에서 몸을 씻고 음식을 먹기 시작했다. 그리고는 밤, 낮으로 아버지 야곱에게 들었던 하나님에 대한 이야기들을 묵상하고 또 묵상했다. 그리고 자신이 경험한 하나님을 기억했다. 매일 기도하는 것도 잊지 않았다. 아니, 기도는 그저 당연한 일상이 되었다.

"하나님, 사랑이 많으시고, 신실하셔서 반드시 그 약속을 성취하시는 하나님, 이 시간 나와 동행하시고, 돌보시는 하나님, 하나님께서 반드시 약속을 이루시며 뜻을 행하실 줄 믿습니다. 다만, 제가 지금 죄수로서 그저 이렇게 기다리고만 있어도 되는 것인지 잘 모르겠습니다."

하루는 간수장이 요셉을 불렀다.

"이제 몸 좀 추슬렀는가?"

요셉이 정중하게 오른손을 배에 가져다 대며 고개를 숙였다. 그의 몸짓은 허드렛일이나 하는 종의 몸짓이 아니었다.

"간수장님 덕분에 많이 회복되었습니다."

"흠, 자네가 보디발 장군의 가정 총무였다고?"

"네, 큰 은혜를 입어 중한 업무를 맡았었습니다."

요셉을 위아래로 훑어보던 간수장이 고개를 끄덕였다.

"뭐, 사고 칠 위인은 아닌 것 같고, 어째, 간수들의 일 좀 도와 보겠는가?"

요셉의 눈이 반짝였다. 기도의 응답인가, 이는 복이 될 기회였다.

"부족한 것이 많지만, 지도해 주시면 열심히 일해 보겠습니다."

간수장이 한 간수에게 눈짓하며 이야기했다.

"그래, 아까 이야기한데로 이 자에게 이곳 사무를 좀 맡겨 보게나."

몇 달이 지나지 않아, 간수들은 요셉에게 맡긴 일은 아예 확인조차 하지 않았다. 그는 무슨 일이든 정직하게 할 뿐만 아니라, 제대로 처리해 내기 때문이었다. 또한 요셉은 죄수들의 마음조차 사로잡았는데, 예로 새로 수감된 죄수가 그를 간수로 오해하여 절을 하면, 손수 일으켜 세워 자신도 간수들의 일을 돕는 죄수일 뿐임을 먼저 알릴 정도로 겸손하고 정직했으며, 죄수들의 필요를 생각하여 필요한 물건을 적법하게 대주거나, 그들의 후회 가득한 혹은 억울한 이야기를 진심으로 들어주곤 했기 때문이었다.

•　•　•　•　•

소년이 붉어진 눈시울 아래로 또르르 눈물을 흘렸다.

"총리님의 이야기는 정말 듣기가 힘드네요."

"말하기도 쉽지만은 않지, 후후."

잠깐의 침묵이 흘렀다. 요셉을 한참 바라보던 소년이 먼저 운을 뗐다.

"어떻게 그런 상황에서 믿음을 붙들 수가 있죠?"

"마치 오롯이 내가 한 것처럼 이야기하는구먼?"

소년은 요셉의 대답이 무슨 뜻인지 생각했다. 요셉이 먼저 말을 이었다.

"믿음, 믿음이란 뭘까? 이해가 되어야만 믿을 수 있다면 그것이 믿음일까? 그렇다면, 어떻게 이해되지 않는 것을 믿을 수 있을까? 그것에 어떻게 내 운명을, 내 인생을 맡길 수 있을까?"

소년이 대답했다.

"믿음이란 단어는 이해라는 단어와 함께 사용하기 어렵다는 생각이 듭니다. 이해된 것은 이미 믿음을 필요치 않으니까요."

"계속해보게. 요즘 자네 말 듣는 재미가 너무 좋아."

무겁던 분위기가 좀 가벼워지는 것 같았다. 소년이 어깨
를 으쓱하며 말을 이었다.

"음, 그러고 보니 자신의 이해를 믿음이라고 착각하는 경
우도 꽤 많은 것 같아요. 믿으려고 애쓴다는 것이 한 편으론
이해하려고 애쓰는 것 같기도 하고 …"

"하나님을 이해할 수 있는 측면도 분명히 있네. 하지만,
완전히 이해할 수 있다면 그는 이미 초월적인 신이 아니시겠
지."

소년이 고개를 끄덕였다.

"그럼, 이해할 수 없는 부분은 어떻게 해야겠나? 믿어야
하는 거지. 그러나 그 믿음은 내가 억지로 짜내는 것이 아니
라네."

"그럼, 그 믿음은 어디서 나오는 것인가요?"

"하나님과의 진실한 관계에서 온다고 생각하네. 내가 직
접 경험한 하나님의 존재와 성품과 능력을 바탕으로 내가 미
처 경험하지 못한 하나님의 다른 부분까지 믿는 신뢰인 게
지. 자네가 밖에 나갔는데 애굽에는 요셉이라는 사람이 없다
고 온갖 논리적 사실과 증거를 들이대며 애굽의 총리는 요셉

이 아니라고 열 명, 백 명이 주장하면 자네는 어떻겠는가?"

"답답해 미치겠거나, 내가 만난 당신이 귀신이었나 하는 생각이 들 것 같아요."

"바로 그것이, 믿음과 의심의 사이라네. 그래서 자네가 이 곳을 찾아왔는데 실제로 나를 만날 수도 없고, 또 사람들이 자네보고 미쳤다고 한다고 하면, 어떻겠나?"

"흠, 만약 제가 총리님을 한두 번만 뵈었다면, 아마도 내가 귀신을 봤거나, 혹은 내 기억이 잘못되었다고 생각할 수 있을 것 같아요. 하지만, 지금은 그런 상황에 맞닥뜨린 다해도 지금까지 총리님과 보낸 시간과 나눈 이야기들이 없던 일이라고는 생각할 수 없을 것 같아요."

요셉이 고개를 끄덕였다.

"믿음은 하나님이 우리를 찾아오시면서 시작되네. 진짜 만나고 경험하면서 믿음이 시작되는 것이지. 하나님을 더 많이 경험하고 더 많이 아는 사람일수록 믿음과 의심사이에서 믿음을 택할 수 있는 힘이 강해지는 거야. 뭐랄까, 자네가 내가 해 준 어떤 요리를 정말 맛있게 먹었다고 해보게나. 그럼, 자네에게 내 요리에 대한 믿음이 생기지 않겠나?"

"음, 아직 먹어보지 않은 총리님 요리의 맛에 대해서도 믿음이 생긴다는 말씀이시군요. 그렇다면, 총리님이 해준 요리를 더 많이 맛보고 경험할수록 믿음은 더 확실해 지겠네요. 즉, 하나님께서 내게 찾아오셨기 때문에 믿음이 시작된 것이고, 하나님을 더 많이 경험함으로써 그 믿음이 커지고, 또 내가 그 믿음을 붙드는 것이군요.”

“그렇지, 하지만, 그 붙들 믿음조차 실은 하나님과의 관계에서 형성된 것이라는 점을 기억해야 하네. 따라서 믿음이란 하나님이 내 안에 집어넣어 주신 어떤 것이라기보다, 또 내 안에서 발생한 어떤 확신의 감정이라기보다, 하나님과의 관계의 질이라고 표현하는 것이 더 옳은 것 같네. 그래서 믿음은 좋고, 나쁨, 강하고, 약함 보다는 많고, 적음으로 표현하는 것이 적절하지 싶네.”

소년은 무릎을 치며 받아 쓸 뭔가를 찾기 위해 뒤적거렸다. 요셉이 파피루스 한 롤을 건네며 말을 이었다.

“그리고, 그 믿음은 이해할 수 없는 상황에서 시험을 당한다네. 교도소에 갇혔던 시련은 정말로 이해하기 힘든 시련이었네. 헌데 다행스럽게도 내 믿음이 감당할 만한 시련이었던 것 같아. 너무나 힘들고 무거운 시련이었지만, 다행히 내 믿음의 수위를 넘기진 못한 것 같네. 이해되지 않는 것에 주목하여 의심하기보다는 내가 겪은 하나님을 묵상했고, 또 내가 듣고 배운, 내가 아는 하나님을 기억했네. 그것은 내가 믿음을 만들고 짜낸 것이 아니라, 그저 내 안에 있는 믿음을 바라본 것뿐이었다네."

"이미 있는 믿음을 바라본다.…"

"믿음은 하나님과의 관계에서 비롯되기 때문에 혼자서 만들어 낼 수 있는 것이 아니지. 앞뒤 다 짜 맞춰서 혼자 이끌어 낸 어떤 결론은 믿음이라기 보단 합리화 혹은 지적인 동의라고 밖에 말할 수 없을 것 같네. 이것이 가짜 신들에 대한 믿음의 정체라고 생각하네. 가짜 신들 중에 불가해한 신은 거의 없거든. 왜냐면 말이 되도록 만들어낸 이야기이니까. 혹은 그런 신들은 인간을 너무나 닮아 있지. 인간 자신들의 경험을 통해 이해할 수 있는 신을 만들어낸 것이니까."

요셉과 소년의 대화는 늦은 밤이 되어서야 마쳤다. 요셉은 새로 구입한 찻잎을 한 주머니 가득 담아 소년의 손에 쥐어 주었다. 소년은 귀갓길에 파피루스에 받아 적은 글귀를 다시 한 번 읽어보았다.

'믿음은 하나님과의 관계의 질. 하나님, 믿음이 많은 사람이 되고 싶습니다. 하나님을 더 많이 경험하고 하나님과 진실한 관계를 맺기 원합니다. 하나님, 하나님을 더 많이 알게 해 주세요.'

소년은 요셉이 건너편에 다가와 자리하는 것을 보고도 차가 우러나는 것을 가만히 바라보고만 있었다.

"오늘은 재촉하지 않네?"

요셉이 농담 삼아 빈정거렸다.

"후, 또 무슨 이야기가 나올 지, 사실 걱정이 되기까지 합니다. 저에게 이야기들을 해 주시느라 총리님이 겪었던 힘든 기억을 다시 꺼내셔야 한다는 것이 내심 죄송스럽기까지 합니다."

"생각해 주니 고맙네, 그럼, 오늘은 이만 하지."

"네, 네? 아니, 그래도?"

요셉이 크게 웃었다. 소년이 머리를 긁적이며 함께 웃었다.

"물론 아픈 기억일세. 그러나 지금은 그 시간들이 내게 필요했던 이유를 알기 때문에 그 아픔을 잘 수용할 수 있었지."

소년이 고개를 끄덕였다.

"사실, 나도 요즘 조마조마해. 총리가 된 뒤로 이렇다 할 큰 고난이 전혀 없었거든."

"아이고, 그게 무슨 말씀이세요!

요셉과 소년이 또다시 함께 크게 웃었다.

"나는 그렇게 감옥의 모든 사무를 맡아 처리했다네. 그것도 아주 잘 처리했지. 하나님께서 나와 함께하셔서 모든 일을 형통하게 하신 것 일세. 내가 아무리 능력이 출중한 들, 혹은 아무리 선한 마음을 가지고 일한다 한들, 사람은 완벽할 수 없을 뿐 더러, 모든 변수를 통제할 수도 없는 법이네. 그 모든 변수를 통제하시고, 또 내게 그런 마음과 능력을 주신 분 모두 하나님이신게지."

소년이 고개를 끄덕였다.

"나는 그렇게 하루, 하루를 보내고 있었네. 특별할 것 없는 특별한 일상이었지. 매일이 비슷해 보이지만, 또한 같은 하루가 전혀 없는 법이니까. 그런데, 정말 특별한 일이 나를 찾아왔다네."

"어휴, 이번엔 또 무슨 일인가요?"

요셉이 껄껄 웃고는 대답했다.

"내가 있던 감옥은 왕의 죄수를 가두는 곳이라 했었지? 그런데, 두 명의 관원장이 왕의 심기를 잘 못 건드려 옥에 갇히게 된 거야. 그런데, 내가 그들의 시중을 들게 되었다네."

복된 삶의 논리

> 그 후에 애굽 왕의 술 맡은 자와 떡 굽는 자가 그들의 주인 애굽 왕에게 범죄한지라 바로가 그 두 관원장 곧 술 맡은 관원장과 떡 굽는 관원장에게 노하여 그들을 친위대장의 집 안에 있는 옥에 가두니 곧 요셉이 갇힌 곳이라 친위대장이 요셉에게 그들을 수종들게 하매 요셉이 그들을 섬겼더라 그들이 갇힌 지 여러 날이라 (개정, 창세기 40:1~4)

"아침 식사는 괜찮으셨습니까?"

요셉이 식탁을 정리하며 관원장들에게 인사를 건넸다.

"음, 뭐, 그러저럭. 이곳에서 먹는 아침이 진수성찬이라 한 들 어찌 즐길 수 있겠나?"

그들은 비록 죄수였지만, 아직 판결이 나지 않았기 때문에 관원장의 신분에는 변함이 없었고, 옥중이지만 그에 걸맞은 대우를 받고 있었다. 하지만, 왕의 판결을 기다리는 상황에서 그런 대우를 받는다고 맘이 편할 리가 없었다.

"아, 근데 말이야 …"

한 관원장이 할 말이 있는 듯 어렵게 입을 뗐다. 요셉은 눈을 맞추며 응수했다.

"자네 이야기를 들었네. 아, 오해하지 말게. 내 말은 … 자네가 한편으로 참 대단한 것 같아."

이 관원장은 단지 요셉의 죄목을 알게 된 것이 아님이 분명했다. 요셉이 보디발의 집에 종으로 팔려와 감옥에 갇히고 또, 감옥의 모든 사무를 맡게 된 이야기를 말하는 것이었다. 요셉은 관원장의 칭찬에 말없이 머리를 조아렸다.

"간수들이 자네의 신에 대해 이야기 하더군."

요셉은 이제 자신이 말한 순서가 되었음을 알 수 있었다.

"비록 비천한 삶이지만, 이렇게 하루를 살아내고 있는 것은 제가 섬기는 여호와 하나님의 은혜입니다."

관원장이 고개를 끄덕였다.

"여호와라 … 자네가 어떤 어려움을 겪었는지 들었고, 그럼에도 어떤 삶을 살고 있는지 내 두 눈으로 똑똑히 보았네. 과연 그것이 자네가 따르는 그 신의 은혜라면 참 대단하다는 생각이 들어. 그런데 말이야, 자네의 신이 그렇게 대단하다면, 왜 좀 더 확실하고 강하게 움직이지 않는 것일까? 뭐 애굽에 지진이라도 확 일으켜서 자네를 구원하고 자네의 기도에 지진이 딱 멈추게 한다면 모두가 자네와 자네의 신을 추앙할 것이 아닌가?"

요셉은 대답을 해도 되는지 허락을 구했다. 관원장은 말해도 좋다는 눈짓을 보냈다.

"음…, 하나님은 인격적인 분이시며, 사랑이시기 때문입니다. 하나님은 고압적인 관계를 맺기 원치 않으시죠."

"하, 인간을 사랑하는 신이라… 한심한 신이로군. 우리의 신은 태양을 벗하며 인간을 통치하는 신인데 말이야."

요셉은 그저 미소로 응수하며 침묵했다.

"흠, 뭐, 여하튼 신이 자네를 친구로 여긴다는 말이지. 뭐, 신선하긴 하네."

"관원장님도 여호와 하나님의 친구가 되실 수 있습니다."

관원장의 호기심에 요셉이 용기를 내었다. 하지만, 그는 농담으로 여길 뿐이었다.

"하하, 자네도 알겠지만 난 지금 친구를 사귈 기분이 아냐."

관원장은 한낱 죄수와 농담이나 나누고 있는 스스로가 한심하게 느껴졌다. 요셉에게 자신이 어떤 존재인지 알게 해줘야겠다는 생각이 들었다.

"자네, 관원장이 어떤 자리인 줄 아나?"

그의 고압적인 말투에 요셉은 공손히 대답했다.

"그저, 무척 중요한 나랏일을 하시는 분이라는 것만 알고 있습니다."

관원장은 어깨가 으쓱했다.

"그럼, 아주 중요한 일을 하는 자리지. 뭐, 하지만, 바로 왕의 한마디에 이렇게 감옥에 떨어질 수도 있는 그런 자리일 뿐이야. 하지만, 그 자리는 결코 쉽게 올라간 자리가 아니라네."

관원장이 깊은 한숨을 내쉬었다. 왠지 이 죄수에게라도 속 이야기를 꺼내고 싶었다. 요셉의 경청은 속 깊은 이야기도 꺼내게 만드는 힘이 있었다.

"나는 어릴 때부터 엘리트 교육을 받았다네. 부모님의 자식 욕심이 큰 탓도 있었겠지만, 나도 꽤 욕심이 있었고, 부모의 기대에 제법 부응했었다네. 나는 귀족학교에 다녔었는데, 아주 쟁쟁한 친구들이 많았지. 어쩌면 그 중에서도 나는 가장 출세했다고 해도 과언이 아닐세. 아니, 저기 저 친구랑 함께 말일세."

저만치 앉아 책을 읽고 있던 다른 관원장이 자신을 언급하자 찻잔을 들어 올려 보이며 인사했다.

"정말 다양한 꿈을 가진 친구들이 많았지. 법관이 되려는 녀석, 참, 의사가 되려는 친구도 있었네. 여하튼 다들 출세하기 위해 노력을 아끼지 않았지. 하지만, 사람의 꿈은 점점 작아지기 마련이야. 자신의 한계를 깨닫게 되면서 꿈도 현실적으로 바뀌기 마련이니까."

요셉은 긍정도 부정도 하지 않았지만, 그의 말에 경청하고 있었다.

"나는 일찍이 정치에 관심을 두었다네. 그런 나의 꿈은 최종적으로 총리의 자리까지 이르는 것이었지."

"총리라면, 바로 외에는 높은 자가 없는 자리 아닙니까?"

"왜, 너무 허황되어 보이는가? 아니, 나는 그런 꿈을 꿀 자격이, 아니 능력이 있는 사람이었네. 결국 국립대학을 수석으로 졸업한 뒤 왕궁의 요직에 배치되었고, 결국 치열한 경쟁 속에서 살아남아 여기까지 오게 된 것이지. 크흠, 물론 지금은 자네와 같은 죄수의 신분일 뿐이지만. 산다는 게 뭔지…"

관원장이 한숨을 크게 내쉬었다. 그리고 다시 요셉에게 호기심 어린 질문을 던졌다.

"내가 지금 이렇게 옥에 갇혀 있다 보니 생각이 많아지는구면. 자네는 삶에 어떤 의미를 두고 살아가는가? 자네는 이

국사람이면서, 종이었고, 이젠 죄인의 신분이니 … 출세나
성공 같은 것은 꿈도 꿀 수 없을 것 같은데 말일세. 그런 자
네가 힘 있게 살 수 있는 이유가 뭔지 궁금하군."

"제게는 하나님의 약속이 있습니다. 복이 되리란 약속. 그
래서 저는 지금 이곳에서 복이 되고자 살아가고 있고, 그 복
된 하루가 쌓여, 아니, 저와 하나님의 모든 백성들의 복된 하
루가 쌓여 하나님의 뜻이 이루어지는 것을 기대하며 살아갑
니다."

관원장은 혀를 내둘렀다.

"기가 막힌 소리군. 거기에 도대체 자네의 삶은 어디에
있나? 뭐, 복이 된다고? 하나님의 뜻? 그럼, 자네의 뜻은 뭔
데? 자네의 복은 어디에 있나? 자네는 자네만의 꿈도, 목표도
없는 겐가?"

그의 격양된 말투에 요셉은 더욱 차분히 대답했다.

"실은 제가 이루겠다고 하는 하나님의 뜻은 결국 제가 복
을 받는 것이기도 합니다. 좀 이상하게 들리시겠지만, 저는
하나님과 이웃을 위해 살고, 하나님과 이웃은 저를 위해 사
는 원리랄까요? 이 정도면 수지맞는 장사 아닙니까?"

"도대체 그게 무슨 소리인가? 그래, 하나님 이야긴 잘 모
르겠고, 자네가 이웃을 위해 살 수 있다 손 치더라도, 무엇

때문에 이웃들이 자네를 위해 살겠나?"

관원장은 이해할 수 없다는 듯, 여전히 높은 목소리로 응수했다. 하지만, 그는 더 듣고 싶었다.

"맞습니다. 많은 사람들이 이기적으로 살아가지요. 하지만, 저는 지금 본질적인 원리에 대해 말씀드린 것입니다. 관원장님의 친구들은 출세하기 위해 법관도 되고, 의사도 되려 하신다고 말씀하셨지요? 다시 말해 자신을 위해 의사가 되기로 결심하신 것입니다, 그렇지요?"

"그렇다네, 자신의 평안과 안정, 성공을 위한 결심이자 노력이었지."

"그래서, 의사가 된 다음에는 대부분의 시간을 무엇을 하며 살아가게 되겠습니까?"

"그야, 당연히 사람들을 치료하며 살아가겠지."

"맞습니다. 의사가 되는 과정은 분명 엄청 고되고 힘든 일임에도 불구하고, 결국에 다른 사람을 평생 치료하며 살아가게 됩니다. 즉, 평생 다른 사람들을 치료하는 일을 하려고 의사가 된 것이지요. 가만히 보면 세상의 모든 직업이 그러합니다. 법관은 다른 이들의 분쟁을 공정하게 판결해 주고자 존재하는 직업이고, 교사는 다른 이들을 가르치고자 존재합니다. 대장장이는 다른 이들이 사용할 물건을 만들지요. 세상의 모든 직업은 다른 사람을 위해 무언가 하는 것이란 말입니다."

관원장은 조금 놀랜 듯 요셉의 말을 경청했다.

"만약 어떤 한 사람이 자신의 성공과 부를 위해 의사가 되었고, 또 다른 사람은 병자를 치료하고자 하는 사명감으로 의사가 되었다고 생각해 보십시오. 과연 어떤 의사의 의술이 더욱 발전하고, 환자가 자신의 몸을 믿고 맡길 수 있는 의사이겠습니까? 결국 성공은 누구의 것이 되며, 과연 누가 더 만족스런 삶을 살아가겠습니까?"

거침없는 요셉의 논리에 관원장은 눈을 감고 자신이 좇아온 삶을 돌아보고 있었다.

"저는 이웃에게 복이 되는 삶, 이웃을 섬기는 삶이 결코 특별한 헌신이거나, 대단한 이타심에서 비롯되는 것이 아니라고 생각합니다. 오히려 그 누구보다도 자신의 삶을 사랑할 줄 알고, 만족스런 삶을 선택할 줄 아는 것이지요."

관원장은 감은 눈을 뜨고는 나지막이 읊조렸다.

"그것이 바로 자네가 이곳에서도 의미 있는 삶을 살아갈 수 있는 힘이구먼. 여기에서도 자네가 복 될 수 있는 일은 많을 테니 말이야."

요셉이 공손히 고개를 조아렸다.

"오늘 내게도 복이 되었네. 생각이 많아져 그런지 갑자기 너무 피곤하구만. 자리에 좀 누워야 겠네."

관원장은 요셉이 정성스럽게 이부자리를 준비하는 모습을 물끄러미 바라보았다. 요셉의 얼굴에서 흘러나온 평온한 미소가 이부자리를 따뜻하게 데우는 것처럼 느껴졌다.

●　●　●　●　●　●

소년의 눈이 반짝였다.

"진로와 직업을 선택하는 중요한 기준을 배운 것 같네요."

"그런가?"

"내가 이웃을 위해 무엇을 할 수 있을지, 무엇을 하고 싶은지 생각하면 될 것 같아요."

요셉이 고개를 끄덕였다.

"직업의 본질이 바로 그것일세. 이웃에게 복이 되는 것, 이웃을 사랑하는 것이지. 그런데, 그것만으론 충분치 않아."

"더 고려해야 할 것들이 있는 건가요?"

"내가 하는 일이 누군가에게 복이 되려면, 먼저 그 일이 내게 즐거움을 주어야 하네. 그리고 그 일을 잘해야 하지. 더

불어, 그 일의 환경이 나의 성격과도 잘 맞아야 한다네."

"그렇군요. 아무리 이웃에게 복이 되는 일이라 한 들, 내게 흥미가 없다면 오래 지속할 수 없겠지요. 그리고 잘하지 못한다면 오히려 손해를 입힐 수도 있을 겁니다."

요셉이 엄지를 치켜들었다.

"그런데, 관원장님들이 옥에 갇히신 일이 총리님께 특별했던 이유가 무엇인가요?"

"그것은 그 두 관원장의 꾼 꿈과 왕의 판결 때문이었네. 아, 아니, 정확히 말하면 내가 잔머리를 굴렸기 때문일세."

"잔, 잔머리요?"

세 번째 절망

요셉이 그 주인의 집에 자기와 함께 갇힌 바로의 신하들에게 묻되 어찌하여 오늘 당신들의 얼굴에 근심의 빛이 있나이까 그들이 그에게 이르되 우리가 꿈을 꾸었으나 이를 해석할 자가 없도다 요셉이 그들에게 이르되 해석은 하나님께 있지 아니하니까 청하건대 내게 이르소서

(개정, 창세기 40:7~8)

술관원장이 먼저 운을 떼었다.

"내가 꾼 꿈은 이러하네. 내 앞에 포도나무가 있는데, 그 나무에 세 가지가 있었다네. 그런데 곧 싹이 나더니, 곧 꽃이 피고, 또 포도송이가 익는 것이 아닌가? 마침 바로의 잔이 내 손에 들려 있기에, 내가 그 포도를 따다가 바로의 잔에 그 즙을 짜서 바로의 손에 올려 드렸다네."

요셉은 잠시 묵상했다. 이를 통해 하실 일이 있다면 하나님께서 깨달음을 주실 터였다. 잠시 후 요셉은 명확한 어조로 꿈을 풀었다.

"그 꿈의 뜻은 이렇습니다. 우선 가지 셋은 사흘을 의미합니다. 앞으로 사흘 후, 바로께서 관원장님의 지위를 회복시킬 것이고, 다시 바로의 손에 술잔을 올리게 될 것 입니다."

술관원장은 기뻐했다.

"하하하, 자네가 너무 진지해서 이거 원 꼭 그대로 될 것만 같구먼. 하하, 뭐 여하튼 기분 좋은 해몽이야."

요셉은 순간 이것이 기회라고 생각했다. 이 기회를 잘 활용하면 드디어 이 감옥생활도 끝날 수 있으리란 생각이 들었다.

"그, 그런데, 술관원장님."

"음, 할 말이 있는가?"

"관원장님께서 잘 되시거든 저를 기억하시고 저의 사정을 바로에게 말씀드려, 저를 이곳에서 꺼내어 주셨으면 합니다. 이미 잘 아시겠지만, 저는 히브리 땅에서 강제로 이곳에 끌려왔고, 감옥에 갇힐 만한 일은 저지르지 않았습니다."

술관원장이 요셉의 어깨를 툭 치며 대답했다.

"아이고, 물론, 내가 잘 되면 야, 어찌 자네의 해몽을 잊을 수 있겠는가? 꼭, 기억함세."

떡관원장이 그 해석이 좋은 것을 보고 요셉을 종용했다.

"이봐, 요셉, 나도 꿈을 꾸었네, 나는 빵이 담긴 바구니 세 개를 머리에 이고 있었지. 제일 위에 바구니에는 바로에게 드릴 온갖 빵들이 있었는데, 새들이 그 광주리의 음식을 먹었네, 어떤가? 좋은 꿈인가?"

요셉은 온 몸에 소름이 끼치는 것을 느꼈다. 그가 말하기를 주저하자, 떡관원장이 재촉했다.

"세 광주리는 역시 사흘을 의미합니다. 그러나…"

"그러나…?"

"그 사흘을 후에 관원장님께서는 바로에 의해 교수형에 처하게 되고, 새들이 관원장님의 주검을 … 쪼아 먹게 될 것입니다."

사흘 후, 시끌벅적한 음악 소리와 향기로운 음식 냄새가 옥 안으로까지 스며들었다. 바로의 생일잔치가 온 도시에서 일어나고 있는 것 같았다.

"요셉."

"네, 간수장님?"

"자네의 하나님은 정말 살아계신 하나님이시구먼."

"무슨 말씀이신지요?"

"자네의 해몽대로 술관원장님은 오늘 복직되셨다네."

요셉은 출옥의 희망에 가슴이 부풀어 올랐다. 술관원장이 자신을, 아니 이 기적의 체험을 잊을 리가 없었다. 이제 곧 자유인의 몸이 될 수 있으리란 마음에 가슴이 벅차올랐다.

"참, 그리고 말이야."

"네?"

"떡 굽는 관원장님은 오늘 처형되었다고 하네."

하나님의 복

하루가 지났다. 기대와 소망에 부푼 채 시간 가는 줄 모르고 보낸 하루였다. 이틀이 지나고, 사흘이 지났다. 간혹 일이 손에 잡히지 않았지만, 꽤나 길게 느껴진 하루 하루를 소망을 품고 견뎌냈다. 일주일이 지나자 요셉은 불안한 생각이 들었다. 두 주가 지나자 수시로 목이 타고 갈증이 느껴졌다. 밤이면 잠이 오질 않아 뒤척이다가 아침 해를 보기 일쑤였다. 술관원장이 복직된 뒤, 한 달이 넘어가던 날 요셉은 사무치는 절망감에 밤잠을 이룰 수가 없었다.

'설마, 술관원장님이 날 잊은 것인가? 아, 아니, 그런 사건을 잊을 리가 없어. 그렇다면, 날 버린 것인가? 하, 그래. 히브리인 종 따위, 굳이 왕과 시위대장의 심기를 건드려가며 나의 구명을 위해 힘쓸 이유가 어디 있겠는가?'

온갖 부정적인 생각이 요셉을 뇌리를 휩쓸었다. 요셉은 마음이 다급해졌다.

'이번에는 정말로 하나님께서 뭔가 일하시리라 기대했는데, 아니란 말인가? 아니, 어쩌면 내가 어떤 행동을 하길 기다리시는 것은 아닐까? 분명, 내게 주신 꿈이 있는데, 이 감옥에서 간수들을 돕는 것으로 내 인생이 끝날 리가 만무하다. 지금 내가 놓친 것이 뭐지? 내가 왜 아직까지 이곳에 갇혀 있는 거지?'

요셉은 출옥의 희망을 버릴 수가 없었다. 출옥만 할 수 있다면, 하나님의 주신 꿈의 성취도 요원한 일만은 아닐 것 같았다.

'형들의 단이 내게 절하고, 열 한 개의 별들과 해와 달이 내게 절했다. 그것이 이 감옥에서 일어날 리는 없잖은가? 그래, 나가야 해. 일단 이곳을 나가야 하나님의 꿈에 한 발자국이라도 가까워 질 것이야. 그렇다면, 혹시, 설마 …… 하나님은 내가 탈옥을 하길 기다리시는 것은 아닐까? 아, 내가 간수들의 신임을 한 몸에 얻게 하신 것도 어쩌면 탈옥을 위한 하나님의 역사일지도 몰라. 그래, 지금의 나라면 분명히 해낼 수 있어.'

이런 생각이 든 때부터 요셉은 매시, 매분, 매초 어떻게 하면 완벽하게 탈옥을 아니, 탈애굽을 할 수 있을지 상상하고 연구하기 시작했다. 간수들의 동선과 일정, 따고 나가야 할 문의 위치와 개수, 열쇠의 위치, 탈옥을 감행하기에 가장 적절한 시간 등 관찰하고 고민하고 상상으로 실행해 보기를 수십, 아니 수백 번을 하고 있었다.

하지만, 이를 거듭할수록 희망이나 기대로 차오르기는커녕, 오히려 여기-지금에서의 삶이 견디기 힘든 고통으로 변했다. 계획이 정교해질수록 더욱 큰 불안이 그를 잠식했다. 하루에도 수 십 번씩, 출옥의 성공의 환상에 빠져 있다가도, 이내 곧 불안의 심연에 빠져 허우적거렸다. 그러나 여전히 출구는 유일한 것처럼 보였기에 이 반복적이고 고된 상상을 결코 멈출 수 없었다.

이전에 형들에게 팔렸을 때, 그리고, 옥에 갇혔을 때는 정말이지 자신이 할 수 있는 일이 아무것도 없었기에 오직 하나님께 매달릴 수밖에 없었다고 생각했다. 그런데, 지금은 뭔가 자신이 해야 할 일을 하지 않고 있다는 생각을 버릴 수 없었다. 하지만, 탈옥은 엄청난 위험이 도사리고 있는 위험 천만한 일이었다. 물론, 하나님이 뜻하신다면 모든 재앙을 피하게 하실 것이다. 그런데, 만약 탈옥이 하나님 뜻이 아니라면? 아니, 혹시 내가 믿음이 부족한 것이라면? 아니, 이대로 기다리는 것이 오히려 잘못하고 있는 것이라면? 그렇지 않아! 내가 뭔가 하지 않아서 하나님이 일하시지 않는 것이라면? 아니, 사실 조금만 더 기다리면 되는데 조급해하고 있는 것이라면? 아, 아니, 혹시 어쩌면 더 오래 기다려야 하는 것이라면? 설마, 그냥 여기서 썩어 죽을 운명이라면? 아니, 그럴 리가, 꿈, 그 꿈, 그럴 리가 없어, 역시나 지금의 내 위치, 상황에서 할 수 있는 일을 해야 하지 않을까? 이곳을 나가지 않고 서는 아무 희망도 없어! 요셉을 괴롭히는 질문은 매일 같이 꼬리에 꼬리를 물고 계속되었다. 누군가 불러도 대답하지 못할 만큼, 자문자답하다가 밤을 새는 일이 허다할 만큼, 요셉의 고통은 극에 달하고 있었다.

허나, 가장 힘든 것은 더 이상 기도할 수가 없다는 것이었다. 기도를 하려고 몇 번을 시도해 보았지만, 도저히 입술이 떨어지지 않았다. 아니, 하나님이 자신의 기도를 듣고 있는지 조차 알 수 없었고, 때론 하염없이 푸념을 해 보았지만,

그저 답답한 마음으로 기도를 마칠 수밖에 없었다. 마음에 감동이 이는 기도, 하나님과 깊은 교제를 나누었던 그런 기도는 경험한 지 오래였다.

잠자리에 누워 뒤척이던 중, 요셉은 이불 속에서 몸을 천천히 구부려 무릎을 꿇고 엎드렸다. 오늘도 여전히 기도에 실패하더라도, 결국 할 수 있는 것은 기도뿐이었다. 하나님이 살아계신다는 믿음, 나아가 자신을 알고 계신다는 믿음만은 놓칠 수 없었다. 슬픔, 원망, 근심, 감사, 찬송으로 뒤섞인 엉망진창의 기도가 한 동안 계속되었다. 그것이 지금의 요셉이 할 수 있는 유일한 기도였다. 불현듯 하나의 생각이 머리를 스쳤다.

'너는 복이 될지라.'

언제나 자신의 삶을 회복시켰던 바로 그 약속이었다. 복, 이런 상황에서 내가 도대체 무슨 복이 될 수 있을까? 불현듯, 자신의 탈옥이 다른 사람에게 미칠 영향에 대해 생각해 보았다. 아, 만약 내가 탈옥에 성공한다면, 저 간수들은 심한 경우 처형을 면치 못할 텐데 … 그렇다면, 저들이 처벌당하게 하지 않기 위해 내가 이 감옥에서 썩기로 결정하는 것이 복이 되는 삶이란 말인가.

'네가 복이다.'

그래, 나는 주변의 이웃들에게 복이 되기 위해 최선을 다했어. 분명히 그것이 하나님의 약속에 대한 믿음의 조상들의 반응이었고, 나의 반응이었지. 그리고 그런 삶이 주는 가치와 행복 역시 정말 충분히 경험했어. 하지만, 그렇다고 지금 내 삶의 문제가 해결되는 것인가? 내 삶은? 나는? 내 복은? 나는 여기서 계속 이렇게 죄수들과 간수들에게 복이 되고 있으면 내 삶의 문제는 하나님께서 알아서 해결해 주신다는 것인가?

'내가 복이다.'

요셉은 기도하다 말고 눈을 크게 떴다. 그래, 가장 큰 복은 바로 하나님이지, 아니, 하나님은 어쩌면 유일한 복일 수도. 저 간수, 죄수들은 나로 인해 하나님을 알게 되었어. 가장 큰 복을 전한 셈이지. 그런데 만약 내가 탈옥을 하게 된다면, 저들은 어떤 하나님을 경험하게 될까. 그런데, 그래서, 그래서 나는 어쩌라는 것인가?

"복! 복! 복! 복! 저는 충분히 복이 되는 삶을 살았습니다. 그리고 그런 삶이 얼마나 복된지 충분히 경험했습니다. 그러나 그것이 지금 감옥에 갇힌, 하나님이 주신 꿈과는 아득히 멀어진 것 같은 이 삶을 해결해 줄 수 있는 것인지 모르겠습니다. 기적과 같은 기회가 왔다고 생각했지만, 그 기회는 저를 비웃듯이 연기처럼 사라져 버렸습니다. 복이 되려는 삶을 살았지만, 지금이 이 문제를 해결해 줄 제 복은 어디 있는 것입니까?"

심장을 태워버릴 듯한 갈증이 올라왔다. 가슴에 주먹질을 하고 머리를 쥐어뜯었지만, 가슴에서도 머리에서도 아무것도 캐낼 수가 없었다.

'너는 나의 복이다.'

요셉은 갑자기 뱃속 깊은 곳으로부터 울컥 눈물이 솟아오르는 것을 느꼈다. 그 근원은 머리도, 가슴도 아니었다. 그것은 소리였다. 오직 영혼만이 들을 수 있는 소리. 너무나 선명하고 따뜻한 하나님의 음성. 요셉은 쏟아지는 눈물을 헤치고 어렵게 아니 온 힘을 다해 입술을 열었다.

"아, 아니, 제가 하나님의 복이라고요? 이런 제가 하나님의 복이라고요?"

요셉은 하나님께서 하나님 자신을 온전히 그에게 주셨다는 것이 느껴졌다. 하나님은 이미, 벌써 그렇게 하셨음을 알 수 있었다. 그의 살은 하나님의 살이며, 그의 피는 하나님의 피였다. 그의 영혼은 하나님으로부터 비롯되었고, 그의 순전한 마음과 생각 또한 하나님의 것임이 느껴졌다. 아, 하나님은, 그래, 맞아, 하나님은 아버지였어! 내게 자신의 살과 피와 생명을 주신 아버지. 하나님은 복이신 자신을 나에게 온전히 주셨고, 그래서 나는 복이 된 거야. 그 무엇보다도 하나님의 복!

'어이구, 내 복덩어리.'

아버지 야곱에게 많이 들었던 그 음성이 하나님으로부터 들려오는 듯했다. 이것은 무조건적인 사랑의 고백이었다. 하나님은 그렇게 사랑하고 계셨다. 가슴이 터질 것 같이 뜨겁고, 도저히 식힐 수 없을 것 같은 그런 사랑이었다. 아무런 판단도, 평가도, 기준도 없는, 그래, 값없는, 은혜로운 사랑이었다. 평안, 진리의 평안, 하나님의 따스한 품에 안긴 듯한 끝도 없는 안전함이 충만하게 느껴졌다.

'내가 안다.'

요셉은 자신을 완전히 이해하시는 하나님 앞에서 무한한 자유를 느꼈다. 이 모든 상황을 이해하고 계신 하나님, 아니, 온 우주를 품고 계신 하나님의 품 안에서 어디로든 날아갈 수 있을 것 같았다. 자신을 온전히, 완전히 아시는 하나님 앞에서 요셉은 다시 한 번 눈물 섞인 침을 튀기며 고백했다.

"네, 네, 하나님, 하나님이 바로 저의 복입니다. 그 무엇과도 바꿀 수 없는 가장 큰 복입니다."

'내가 너를 시작했단다.'

요셉은 어안이 벙벙했다. 요셉의 마음속에 있던 깊은 착각을 발견하는 순간이었다. 맞아, 내 삶은 하나님이 시작하신 거야. 내 의지가 아니었어. 내 삶의 주인은 하나님, 하지만, 내 삶의 주인공은 바로 나, 하나님은 나를 통해 우리의 이야기를 써 가시는 분이야. 우리는 같은 배를 탄 사이. 하나님께서 날 도와주시는 것이 아니야. 하나님께서 나를 통해 살아가시는 거야!

하나님의 흐뭇한 미소가 느껴지는 듯했다. 너무나 잔잔하고 깊은 평안 가운데 요셉은 천천히 눈을 떴다. 당연하게도 그는 여전히 감옥 안에, 그리고 어느새 일어서 있었다. 그가 힘들었던 이유는 환경에 집중했기 때문이라는 것을 알 수 있었다. 하지만, 이제는 오로지 하나님과의 관계에 모든 생각과 마음이 집중되고 있음을 알 수 있었다. 이것은 그저 하나님과 더 사이좋게, 더 가깝게 지내야겠다는 결심 같은 것이 아니었다. 자신을 통해 살아가시는 하나님을 믿고, 인식하고, 경험하는 것이었다. 하나님과의 관계가 무너진다면, 감옥이든, 왕궁이든 무슨 소용이 있으랴? 만약 감옥 바깥에 이것을 빼앗으려는 존재가 있다면 난 영원히 감옥에 갇혀 있으리라. 하지만, 요셉은 알 수 있었다. 그 무엇도 하나님과의 관계를 끊을 수 없다는 것을.

"하아아암."

엄청 큰 하품이었다.

"으하아아아아암."

참, 오랜 만에 느껴보는 졸음이었다. 요셉은 이불 속에 몸을 묻었다. 이불이 그렇게까지 포근하게 느껴진 것은 정말 오랜만이었다. 마치, 구름 실로 푸근하게 누빈 하나님 품처럼.

• • • • •

소년의 눈시울이 붉게 물들어 있었다. 말을 마친 요셉의 눈시울도 마찬가지였다. 먼저 입을 여는 것은 소년의 차지였다.

"하나님은 참 좋은 분이세요."

요셉은 눈시울을 더욱 붉히며 고개를 끄덕였다. 소년의 말문도 다시 막힌 듯 했다. 하지만, 소년은 이 감동을 잊고 싶지 않았다. 그러려면, 울먹이는 소리로라도 되 뇌이지 않을 수 없었다.

"내가 하나님의 복덩어리라니, 크훗."

"울다가 웃는 맛은 경험해 본 사람만이 아는 것이지."

소년은 맺힌 눈물이 떨궈질 정도로 격하게 고개를 끄덕였다. 그리고는 복기하듯 기억을 더듬으며 말을 이었다.

"이제는 내가 사는 것이 아니라, 내 안에서 하나님께서 사시는 것이군요."

"그것이 바로 믿음으로 사는 삶일세."

"하나님은 나의 주인 되시고, 나는 주인공이 되어, "

요셉의 소년의 말을 받았다.

"하나님의 역사, 나의 역사, 아니, 우리의 역사를 써가는 것이지. 그 모든 선한 일에 나는 하나님께 영광을 돌리고, 하나님은 내게 잘했다 하시는 삶."

소년은 다시 눈시울을 붉혔다.

"진짜 멋진 아버지와 아들이네요."

소년은 요셉의 이야기를 통해 하나님을 직접 뵌 듯한 느낌이 들었다. 아니, 하나님께서 소년에게 찾아와 눈을 맞춰 주시고, 미소를 지어 주신 것 같았다. 마음을 진정시킨 소년은 눈물을 꿀꺽 삼키고 아껴 둔 질문을 던졌다.

"그럼, 감옥을 나가야겠다는 생각, 내가 뭔가 해야겠다는 생각은 어떻게 되셨던 건가요?"

"새까맣게 잊어버렸지. 나의 모든 관심이 하나님과의 관계가 되어버렸거든. 감옥이나 바깥이냐 따위는 전혀 중요한 것이 아니었어. 내가 바로잡아야 할 것은 환경이 아니라 하나님과의 관계였으니까."

소년은 아, 감탄사를 내뱉었다.

"오히려, 감옥은 하나님과의 관계를 바로 세우는데 최적의 환경이라는 생각마저 들더군. 오히려 감옥을 너무 빨리 나가게 될까봐, 너무 빨리 다음 단계가 올까봐 조급한 마음까지 들더라고. 하나님과 더 신실하고, 더 자유롭고, 더 깊은 관계를 경험하고 싶다는 생각뿐이었어. 하나님과의 관계가 깨어진 채로 삶이 진행되는 것은 아무 의미가 없다고 생각할 정도로 말이야."

"내가 해야 할 일, 하고 싶은 일이 있다는 사실은 바뀌지 않았지만, 그 내용이 바뀐 것 같아요."

요셉은 소년과 두 손바닥을 마주쳤다.

"바로 그것일세. 전에는 감옥을 나가는 것을 가장 갈망했다면, 이제 그것은 더 이상 관심사가 아니게 된 것일세. 하나님과의 뜨거운 사랑의 관계 속에서 살아가는 것, 오직 그것만이 나의 관심사로 바뀌어 버린 것이지."

"그런 갈망은 어떤 행동으로 이어졌나요? 무엇을 하고 싶다, 해야겠다는 생각이 드셨나요?"

요셉은 소년의 구체적이고 실용적인 질문에 미소를 지

었다.

"실은 이전의 삶과 크게 달라진 것은 없었네. 복이 되는 삶을 사는 것이지. 그러나 삶에 대한 태도와 인식이 많이 바뀌었다네. 나를 자신의 복덩이로 여기는 하나님 앞에서 살아가는 삶, 그리고 하나님께서 나를 통해 살아가심을 인식하고 살아가는 것은 이루 말할 수 없는 기쁨이었지. 가장 큰 변화는 자유함이었어. 에덴의 자유가 이런 것이었을까? 하나님을 배반하는 것 외에는 모든 것이 허락된 듯한, 하나님과의 건강한 관계 안에서는 무엇이라도 가능한 것 같은 그 느낌은 내게 용기와 담대함의 근원이 되었고, 모든 도전과 실패를 감당할 수 있는 능력이 되었다네. 이게 참 묘한 표현이네만, 하나님이 주인 된 삶을 사는 것은 하나님의 명령에 순종하는 것뿐만 아니라, 하나님이 주시는 자유를 받아 누리는 것이라네."

소년은 창을 통해 창공을 나는 새를 바라보며, 요셉의 고백을 마음에 새겼다.

"그런데, 총리가 되신 것은 얼마나 지난 뒤였나요?"

"2년쯤 지난 뒤였지."

"헉, 2년이나요?"

"글쎄, 그 2년이 그렇게 길게 느껴지지만은 않았어. 그 2

년이란 시간 동안, 나는 수없이 넘어지고 일어서며, 하나님을 더욱 알게 되었고, 더 자유로워지고, 더 단단한 믿음을 가지게 되었다네. 하지만, 아직 한참 멀었다고 생각하던 때였던지라, 사실 바로의 부름이 너무 이르다고 생각될 정도였지. 그리고 그때 내 나이 겨우 서른이었는걸."

더 큰 복이 되다

요셉은 열변을 토하며 간수들을 설득했다.

"감옥은 단순히 범죄자들에게 죄의 대가를 치르게 하는 곳이 되어서는 안 됩니다. 저들이 다시 사회에 건강하게 복귀할 수 있도록 도와야 합니다."

"그래서 자네가 제안한 대로 여러 가지 기술도 교육하고 있지 않나? 더 이상 무얼 하라는 게야?"

"제가 드리고 싶은 말씀은 마음과 관계에 대한 것입니다. 간수님, 저들이 어쩌다가 범죄자가 되었을까요? 어떤 삶을 살았기에 다른 사람을 해코지 하고서라도 자신의 이익을 취하려는 사람이 되었냐는 말입니다."

간수는 머리를 긁적였다.

"허, 참, 글쎄 유복하고 사랑받는 삶은 아니었겠지?"

"바로 그것입니다. 아마도 저들이 이렇게까지 된 것에는 각자의 사정이 있을 것입니다. 물론, 아무리 그 사정을 참작한다 하여도 저들이 죄를 범한 사실과 그 책임은 지워질 수 없겠지만, 한 가지는 분명합니다. 단지 기술을 배운다고 갱생되는 것이 아니라는 것이죠. 저들이 이웃을 복되게 하는 사람이 되도록 도와야 합니다."

"허허, 거 참, 듣기만 해도 벌써부터 뭔가 엄청 피곤한 일이 시작될 것 같구먼."

간수들이 서로를 쳐다보며 머리를 긁적였다.

"하하, 간수님, 제게 저들에게 복이 되는 삶을 가르칠 수 있는 기회를 주십시오. 그리고 외람되지만, 죄수들이 간수님들을 통해 건강한 인간관계를 경험하게 된다면 어떤 변화가 일어날까 하는 생각이 듭니다. 저들이 이곳에서 형기 내내 욕설, 처벌, 무시 등등 온갖 정신적이고 육체적인 폭력 가운데에 있다가 출소한다면, 이 감옥은 더 큰 범죄자를 양성하는 곳이라는 오명을 뒤집어쓰게 될지도 모릅니다."

간수들은 고개를 끄덕였다. 요셉의 말에는 언제나 묘한 설득력이 있었다. 그 설득력은 요셉의 언변 때문이 아닌, 그의 삶에서 비롯된 것이었다. 요셉이 새로운 제안을 할 때마다 꽤나 귀찮고 어려운 일이 생길 것 같은 불편함을 느끼지만, 그 일들이 결국엔 어떤 열매를 맺는지 보아왔기에 이번에도 역시 고개를 끄덕일 수밖에 없었다.

"허, 참, 그럼 죄수들을 도대체 어떻게 대해야 한단 말인가?"

"음, 그것은 좀 더 천천히 의견을 나누어 보시죠. 아마도 여러 가지 다양한 상황에 적절한 반응이 필요할 테니까요. 중요한 것은 그들에게 신뢰와 존중을 보여주어야 한다는 것입니다. 아직 자신을 누군가가 포기하지 않고 믿어주고 있다는 것을 느끼게 된다면, 그들은 결국 일어서지 않을까요? 저들도 결국 누군가의 자식이고, 동생이거나, 형일 겁니다. 저들 가족의 그 간절한 기도가 간수님들의 마음에 닿기를 저역시도 기도하겠습니다."

"에헤이, 자네가 기도한다는 말이 제일 무서워!"

"하하하하!"

요셉과 간수들이 서로의 어깨를 치며 크게 웃었다. 아직 아무것도 시작하지 않았지만, 간수들은 마음이 뿌듯해짐을 느꼈다. 이것이, 요셉이 말하는 복이 되는 삶의 기쁨인가?

"요셉, 요셉, 요셉, 어디 있나?!"

간수장의 다급한 목소리였다. 평소 점잖은 간수장의 이런 목소리는 자주 들을 수 있는 것이 아니었다.

"네, 간수장님, 무슨 일이십니까?"

요셉과 간수들이 예를 갖추어 고개를 숙였다.

"저어기,… 헉… 헉…"

그는 너무 급히 뛰어온 나머지 숨이 차올라 말을 잇지 못했다. 무릎을 짚고는 숨을 한참이나 몰아 내쉬었다. 요셉이 물 한 컵을 따라 권하자, 숨을 돌린 간수장이 요셉의 어깨를 짚었다.

"나는 이 명령에 대해 자네에게 전할 권한이 없네. 보디발 장군께서 기다리고 계시니 함께 가보게나."

이례적인 일이었다. 간수장이 전할 수 없는 명령이라니. 요셉은 침착하게 되물었다.

"장군께서 제게 명하실 일이 있으신가 보군요?"

"아니, 그는 전령일세."

요셉과 간수들은 모두 눈이 휘둥그레졌다.

"서두르게, 장군의 저택에서 입궁을 준비할게야. 어서! 여유를 부리다간 내 목이 날아갈지도 모른다네!"

간수장과 함께 감옥을 나서니 보디발 장군이 보낸 마차가 당도해 있었다.

"요셉, 건강하셨군요!'

마부가 요셉을 향해 반갑게 소리쳤다. 그 마부는 일전에 요셉이 위로해 주었던 피부가 검은 소년이었다.

"와, 이제 청년이 다 되었구나!"

　요셉은 마부와 뜨거운 포옹을 나누고는 마차에 올랐다. 얼마 달리지 않아 보디발의 저택에 도착했고 요셉은 조심스레 저택의 땅을 밟았다. 고향과 같은 저택을 다시 보게 된 것 만으로도 감격스러웠다. 잠깐이지만 오랜만에 만나는 동료들과 재회의 기쁨을 만끽했다. 그의 건강한 모습에 모두가 놀라며 반가워했다. 그때 먼발치에 서 있는 익숙한 실루엣이 자신을 바라보고 있는 것을 느꼈다. 요셉은 서둘러 달려가 바닥에 엎드려 인사를 청했다.

"장군님, 부르셨는지요? 저, 요셉, 여기 있습니다."

　보디발은 요셉의 어깨를 잡아 일으켰다. 요셉은 그가 상상했던 모습과 사뭇 달랐다. 비록 남루한 옷차림이었지만, 순결하고 온전한 성품이 느껴졌다.

"역시, 자네의 하나님은 살아계신 하나님이시구나. 다만, 너를 부른 것은 내가 아니라, 바로(파라오) 이시다."

　요셉은 물론, 함께 있던 모든 식솔들의 눈의 휘둥그레졌다. 보디발이 다른 종들을 향해 명령했다.

"한 시간 이내로 요셉의 입궁 준비를 마치도록 하라!"

한 시간 후, 보디발과 요셉은 마차를 타고 바로의 궁으로 향했다.

"바로께서 해괴한 꿈을 꾸셨는데 그것을 아무도 해석하지 못하고 있다네."

요셉은 잠자코 듣고 있었다.

"그런데, 2년 전, 자네가 술 관원장의 꿈을 해석해 주었다면서?"

"네, 술 관원장님과 떡 관원장님이 감옥에 계실 때, 그 꿈을 해석해 드렸고, 그 해석대로 술 관원장님은 복직되신 것으로 알고 있습니다."

"흠, 술 관원장이 이제야 그 일이 기억난 모양이야. 갑자기 바로 앞에서 고개를 조아리더니 자신의 죄를 기억한다면서 자네 이름을 이야기하기에 적잖이 놀랐다네."

요셉은 가볍게 미소를 지었다. 그가 기억하지 못했기에 하나님과의 깊은 관계에 다다를 수 있었기 때문이었다. 잊게 하신 분도 하나님 이시요, 기억나게 하신 분도 하나님 이시리라.

"바로께서도 심히 답답하셨는지, 그 말을 듣자마자 나에게 자네를 데려오라 명하셨다네. 요셉, 너에게 그런 능력이 있는지는 모르겠지만, 이 나라에서 바로는 신이야. 작은 실

수도 네 죽음으로 이어질 수 있다는 것을 잊지 말아야 할게
다."

"꿈의 해석이 어찌 저에게 있겠습니까?"

바로는 요셉을 쳐다보며 허탈한 웃음을 내뱉었다.

"하긴."

입궁은 난생처음 경험하는 일이었다. 보디발의 저택과는
비교할 수 없는 웅장함과 아름다움이 있는 건물이었다.

'왕의 꿈이라…'

단 하루일지라도 이런 일로 감옥 밖에 나와 바깥바람을
쐬는 것도 꽤 괜찮은 일이라는 생각이 들었다. 요셉은 말없
이 걸어가는 보디발을 따르며 나지막이 하나님께 기도를 드
렸다.

'하나님, 오늘 이런 멋진 외출을 허락하시니 감사합니다.
바로가 꿈의 해몽을 위해 저를 불렀다고 합니다. 오늘 저를
통해 하실 일을 하옵소서. 이 만남이 모두에게 복이 되게 하
옵소서.'

요셉의 나이 서른. 그마저도 감옥에서 보낸 세월이 반이
었다. 아무런 고등교육을 받지도 못했고, 집 한 채는 커녕,
저축한 재물도 없었다. 망해버린, 망쳐버린 인생이라고 비웃

더라도 딱히 반박할 수는 없을 것 같았다. 적어도 누군가의 기준으로는 충분히 그렇게 볼 수 있으니까 말이다. 그런데 이런 자신에게 왕이 직접 꿈의 해몽을 청했다니, 아이러니 했다.

'내가 나 된 것은 하나님의 은혜이구나. 그러니, 감옥에서 인생의 절반을 보낸 지금의 나도 하나님께서 뜻하신 나임이 분명하다. 오늘의 나는 오늘의 삶을 감당하기에 충분해.'

어느새 문 앞에 당도했다. 보디발이 요셉을 멈춰 세웠다.

"요셉, 너의 하나님께서 오늘 너를 위해 일하시리라 믿는다. 나도 이미 충분히 보았으니까. 오늘 일을 마치고 나면 아마도 바로께서 너에게 보상을 해주실게야. 그럼, 형기를 마치게 해달라고 간청하거라. 나도 옆에서 거들도록 하마."

요셉은 보디발에게 공손히 고개를 숙이며 답했다.

"저를 생각해 주시니 감사드립니다. 하지만 제가 하는 일이 아닌데, 어찌 제가 보상을 청하겠습니까? 감옥에 있어도 괜찮으니 너무 괘념치 마십시오. 오늘은 하나님께서 일하시고, 하나님께서 영광 받으시기를 바랄 뿐입니다. 귀갓길에 간수와 죄수들을 위해 망고나 좀 사갈 수 있도록 허락해 주십시오."

보디발은 자신의 어리석은 제안에 코웃음을 쳤다.

"그럼, 어서 들어가세."

•　•　•　•　•

만 이 년 후에 바로가 꿈을 꾼즉 자기가 나일 강 가에 서 있는데, 보니 아름답고 살진 일곱 암소가 강 가에서 올라와 갈밭에서 뜯어먹고, 그 뒤에 또 흉하고 파리한 다른 일곱 암소가 나일 강 가에서 올라와 그 소와 함께 나일 강 가에 서 있더니, 그 흉하고 파리한 소가 그 아름답고 살진 일곱 소를 먹은지라. 바로가 곧 깨었다가 다시 잠이 들어 꿈을 꾸니 한 줄기에 무성하고 충실한 일곱 이삭이 나오고, 그 후에 또 가늘고 동풍에 마른 일곱 이삭이 나오더니, 그 가는 일곱 이삭이 무성하고 충실한 일곱 이삭을 삼킨지라 바로가 깬즉 꿈이라. 아침에 그의 마음이 번민하여 사람을 보내어 애굽의 점술가와 현인들을 모두 불러 그들에게 그의 꿈을 말하였으나 그것을 바로에게 해석하는 자가 없었더라.

(개정, 창세기 41:1~8)

바로는 요셉에게 깊은 매력을 느꼈다. 도저히 방금 감옥에서 불려온 죄수라고는 믿기지 않는 태도, 아니 위엄이 있었다. 겸손하지만 당당한 눈빛, 그리고 그에게서 배어나오는 평안함과 자유로움의 기운은 부러울 지경이었다. 바로는 가만히 요셉을 쳐다보다가 금새 정신을 차리고는 급히 입을 떼었다. 한낱 죄수, 아니 이 매력적인 청년은 분명히 어떤 답을 줄 것만 같았다.

"내가 한 꿈을 꾸었는데 말이다. 그것을 해석하는 자가 아무도 없구나. 네게 꿈을 푸는 능력이 있다고 들었는데, 나의 꿈을 풀 수 있겠느냐?"

요셉은 보디발과 마차에서 나눴던 대화가 떠올랐다. 보디발이 경험한 하나님을 바로가 경험하게 하시리라. 요셉은 단호하게 선언했다.

"제가 아닙니다. 하나님께서 왕께 편안한 대답을 하실 것입니다."

요셉의 단호한 말투에 장내가 잠시 술렁거렸지만, 이내 바로는 자신이 꾼 꿈을 설명하느라 열변을 토했다. 바로의 음성에 답답함과 기대가 함께 느껴졌다. 요셉이 듣기에는 꿈의 내용이 너무나 명확했다. 하나님께서 하실 일이 너무나 선명하게 보였다. 바로의 말이 끝나기가 무섭게 요셉이 입을 열었다.

"바로께서 꾼 두 가지 꿈은 하나입니다. 하나님께서 하실 일을 바로에게 보이신 것입니다."

거침없이 당당하게 내뱉는 진술에 사람들이 웅성거렸다. 보디발은 왕의 눈치를 살폈다. 누군지도 모를 여호와라는 신이 애굽의 통치자요 살아있는 신으로 추앙받는 바로에게 할 일을 보였다니? 지금 바로가 여호와라는 이방신의 계시를 받았다는 이야기가 아닌가? 지금 당장 요셉의 목을 치라 해도 이상하지 않을 일이었다. 그러나 내심 바랐다. 제발 요셉의 이야기를 끝까지 들어 보기를. 그의 하나님은 분명히 살아 계신 하나님이시니까 말이다. 바로가 자신의 규를 내밀자, 웅성거림이 잦아들었다. 바로는 요셉이 말을 잇도록 고개를 끄덕였다. 요셉은 분명한 어조로 말을 이었다.

"온 애굽 땅에 일곱 해 풍년이 있겠고, 그 후에 일곱 해 흉년이 들어 이 땅이 그 기근으로 망하게 될 것입니다. 그 흉년이 너무 심하여, 이전 풍년을 전혀 기억하지 못하게 될 것입니다."

물을 끼얹은 듯 정적이 흘렀다. 모두들 바로의 눈치를 살피고 있었다. 요셉은 괘념치 않고 말을 이었다.

"바로께서 꿈을 두 번 겹쳐 꾸신 것은 하나님이 이 일을 행하시기로 정하신 것입니다. 하나님이 속히 행하실 것입니다."

대신들은 숨을 죽여 바로의 동태를 살폈다. 이는 끔찍한 해몽이었다. 대신들 중 누군가가 나서서 요셉의 목을 쳐야 이 공포로 가득한 적막을 깰 수 있을 것 같았다. 하지만, 적막을 깬 것은 바로였다.

"하, 정말 머리가 시원해지는 것 같구나. 내가 본 것은 분명 네가 말한 그것이다. 내가 지금 느끼는 이 마음은 내가 꿈에서 느낀 바로 그것이다. 그래, 그럼 우리가 어찌하면 좋겠는가?"

대신들이 크게 웅성거렸다. 요셉은 주저하지 않고 말을 이었다.

"이제 바로께서는 명철하고 지혜 있는 사람을 택하여 애굽을 다스리게 하시되, 나라 안에 감독관들을 두어 그 일곱 해 풍년에 온 땅의 오분의 일을 거두고 그 곡물을 바로의 소유로 돌려 각 성읍에 쌓아 두게 하십시오. 이와 같이 그 곡물을 저장하여 장차 임할 일곱 해 흉년을 대비하시면 이 나라가 흉년으로 말미암아 망하지 않을 것입니다."

바로의 얼굴이 환해지는 것을 모두가 느낄 수 있었다. 요셉은 마침 눈이 마주친 보디발 장군을 향해 어깨를 살짝 으쓱거렸다. 하나님이 하셨지요? 보디발도 어깨를 으쓱하며 화답했다. 신하들이 요셉을 바라보며 웅성거렸다. 이름이 뭐라고? 아까 어떤 신을 섬긴다고 했지? 요셉을 향한 그들의 시선은 의심이 아닌 기대와 소망으로 바뀌고 있었다. 바로가 자리에서 일어나 좌중을 향해 규를 내밀었다. 모든 대신들은 왕명을 하달받고자 고개를 숙였다.

"요셉, 너는 내 집을 다스리라!"

왕의 정확한 의중을 읽지 못한 대신들이 웅성거렸다.

"나, 바로가 말하노라. 이와 같이 하나님의 영에 감동된 사람을 우리가 어디서 찾을 수 있을 것인가? 요셉, 하나님이 이 모든 것을 네게 보이셨으니 너와 같이 명철하고 지혜 있는 자는 없을 것이다. 요셉을 애굽 온 땅의 총리로 임명하노라!"

요셉은 자신의 귀를 의심했다. 응? 아니, 감옥에 돌아가서 처리해야 할 일들이 있는데, 갑자기 총리라니? 아, 참, 망고는?

"아니, 저 …"

바로가 자신의 인장 반지를 빼어 요셉의 손에 끼우더니, 세마포 옷을 두르게 하고는 금 사슬을 목에 걸어 주었다. 눈치 빠른 보디발이 큰 소리로 외쳤다.

"모두, 엎드리라!"

대신들이 크게 함성을 지르며 바닥에 엎으려 새로운 총리에게 예를 표했다. 보디발도 예외는 아니었다. 자신의 종이었던, 자신이 투옥시켰던 죄수가 자신의 상관이 되었건만, 그는 오히려 희열을 느꼈다. 하나님의 살아계심에 대한 희열!

바로가 양 팔을 내밀어 대신들을 잠잠케 한 뒤, 요셉의 어깨에 규를 얹었다.

"바로가 말하노라, 애굽 온 땅에서 네 허락이 없이는 수

족을 놀릴 자가 없으리라. 또 이제 네 이름을 '사브낫바네아'라 부를 것이다!"

바로가 친히 안내하여 총리 마차에 요셉을 태웠다. 바로와 요셉의 마차가 출발하자 빵빠레가 울려 퍼지며, 모든 대신들과 회중들이 두 손을 흔들며 환호했다. 보디발이 이 광경을 보며 나지막이 읊조렸다.

"과연, 여호와 하나님 앞에 애굽의 태양과 달이 절하는구나."

• • • • •

소년은 '사브낫바네아!'라고 외치며 벌떡 일어섰다.

"애굽의 태양신 '라'는 통치를 상징하고, 달의 신 '토트'는 지혜를 상징하죠. 그러니, 정말로 애굽의 태양과 달이 하나님 앞에 굴복하고 말았네요. 총리님이 어릴 적에 꾸었던 그 꿈처럼 말이에요!"

소년은 싱글벙글했다.

"그 꿈이 이렇게 성취될 줄은 정말 꿈에도 몰랐지, 하하. 그뿐만 아니라, 7년 풍년이 지나가고, 흉년이 두 해에 접어들었을 때, 나는 내 앞에 엎드린 형님들을 만날 수가 있었네."

"그게 무슨 말씀이세요?"

"내가 총리가 된 것은 그저 나, 개인에게 주어진 복이 아니었네. 나는 항상 내가 총리가 된 이유가 궁금했네. 여전히 내게 주신 꿈에 대한 의문이 총리가 된 것만으로는 답이 되지 않았으니까. 뭐 어쨌든 당장에 내가 해야 할 일은 애굽을 흉년에서 구원하는 것임이 분명했기 때문에, 의문과 질문은 내려놓고 맡겨진 사명에 충성하고 있었다네. 사명이란 그런 것이거든. 하나님께서 내게 합당한 하루를 주셨음을 믿고 충성하여 살아가다 보면, 하나님의 계획이 성취되는 것을 볼 수 있게 되지. 그리고 이 나라의 백성들에게 복이 되는 것 또한 내 사명이 분명했으니까. 그런데, 어느 날, 가족으로 보이는 십여 명의 히브리 남자들이 곡식을 얻으러 이곳을 찾아왔다네. 나는 그들을 흥미롭게 여겨 내게 데려오라 했지, 그리고 그들은 총리인 내게 모두 엎드려 절하며 곡식을 청했다네. 하지만, 사실 나는 그들이 나의 형들임을 단번에 알아차렸다네. 심장이 터질 듯이 쿵쾅거리고, 나는 몇 번씩이나 눈물을 훔치러 들어가야만 했지. 나는 그 순간 그 꿈과 내가 총리가 된 모든 이유를 깨달을 수 있었다네."

소년이 고개를 끄덕이며 말을 받았다.

"총리님을 통해 이스라엘 가족을 가뭄에서 구원하시고,

고센 땅에 정착시켜 결국 그 조상에게 약속하신 대로 민족을 이루게 하시려는 것이었군요."

요셉은 소년의 일목요연한 정리에 감탄했다.

"그나저나, 하루아침에 총리가 되시니 어떻던가요? 수많은 종들에, 산해진미에, 크흐…"

소년의 재밌는 제스쳐에 요셉이 미소 지었다.

"실은 크게 다를 것 없었는 걸?"

"네? 그게 무슨 말씀이세요? 애굽의 감옥 복지가 총리 사저의 수준과 대등하다는 말씀이신가요?"

"하하, 그게 아니라, 술관원장이 복권된 후 2년 동안의 훈련 덕택에 나의 가장 중요한 가치가 흔들리지 않게 되었다는 이야기일세. 그것이 바뀌지 않는 한, 감옥에서의 하루나, 궁에서의 하루가 크게 다를 것 없는 셈이었지. 실은 총리 일이 너무 많아서 차라리 감옥이 낫겠다 싶더라구."

소년은 갸우뚱거렸다.

"하나님과의 관계에 가장 큰 가치를 두는 사람에게 환경은, 말 그대로 환경일 뿐일세. 뭐랄까? 하나님과의 건강한 관계 안에서는 가난한 가운데에서도, 부요한 가운데에서도 건강한 만족을 누릴 수 있다는 것이지. 만족을 누리지 못한다면 세상의 반을 가진 자라도 가난한 자가 아닐까?"

소년이 격하게 고개를 끄덕여 동의를 표했다.

"자네에겐 내가 가진 지위와 부가 커 보이겠지만, 총리가 되기 전의 나는 세상적으로 아무 준비도 되어 있지 않은 죄수에 불과했네. 그러나 나는 그때 이미 만족했고, 그 만족으로 지금껏 살고 있는 것뿐일세. 사람들이 나더러 검소하다 하지만, 검소한 것이 아니라 만족하고 있는 것일세. 그리고 그런 삶은 지금의 자네도 충분히 누릴 수 있는 삶이야. 하나님을 소유하면, 다 가진 셈이니까."

* * * * *

"참, 그리고, 요즘 가끔 소년들이 내게 그러더군, 총리님처럼 되고 싶어요. 저도 총리님처럼 되는 것이 목표입니다. 등등 말이야."

소년이 코웃음을 쳤다.

"뭐야, 하하, 비웃는 거야?"

소년이 멋쩍은 듯 머리를 긁적였다.

"하고 싶은 말이 있어 보이는데?"

"총리님은 총리가 되고 싶어서 되신 게 아니잖아요. 다 하나님의 계획대로 된 것이지."

"그래, 바로 그것일세. 어떤 이들은 인생의 목표를 찾지 못해 고통스러워하지. 음, 어쩌면 아주 사치스런 고통일지도 몰라. 나는 인생의 목표 자체를 가질 수 없는 처지였으니 말일세."

"하지만, 총리님처럼 되고 싶다는 여러 소년들은 총리라는 인생의 목표를 세우고 총리가 되기 위한 철저한 계획과 노력을 하겠다는 거잖아요."

요셉은 고개를 끄덕였다.

"나는 그저 하나님께서 나를 시작하셨고, 그렇기에 나를 책임지신다는 믿음으로 하루, 하루 복이 되는 삶을 살아왔을 뿐이네. 그 계획 가운데, 누군가는 총리가 되고, 목수가 되고, 교사가 되고, 목자가 될 수도 있지. 뭐가 되느냐보다는 뭐가 되든지 어떤 하루를 살아가느냐가 더 중요한 것일세. 누구든지 하나님과 건강한 관계를 맺고 살아간다면, 그 모든 자리에서 깊은 만족과 자유를 누리고, 또, 반드시 하나님의 뜻을 이룰 수 있으리라고 나는 믿네."

소년은 음, 음, 소리를 내며 고개를 끄덕였다.

"하나님은 자네를 시작하신 분이야. 자네를 너무나 잘 알고 계시지. 자네가 처한 시대, 상황, 환경도 물론 알고 계시고 말야. 하나님은 결코 자네의 삶을 빼앗는 분이 아니라네.

오히려 가장 자네답게 살아갈 수 있도록 해주실 유일한 분이
시지. 하나님이 삶의 주인 되심을 인정하면, 진짜 삶의 주인
공으로서 살아가게 되는 거야."

"음, 뭔가, 이별 … 멘트 같은데요?"

"하하, 미안, 그럴 의도는 없었네. 이제 내가 자네에게 해
줄 이야기가 바닥난 것 같아서 말이야, 한 번 정리를 해보았
네."

소년은 자못 진지한 표정으로 고개를 끄덕였다.

"총리님과 함께한 시간들은 너무나 감사하고 행복했어요.
하지만, 저도 이제 저의 하나님을 만나고, 제게 허락하신 삶
으로 나아가야겠지요."

요셉은 흐뭇했다.

"언제든 찾아봬도 괜찮은 거죠?"

"응, 뭐야, 진짜 이별 멘트잖아?"

요셉과 소년은 크게 웃었다. 요셉이 소년의 어깨를 짚었다.

"당연히, 자네가 찾아온다면 내가 더 반가울 걸세. 자네야
말로 내게 복이었어. 전하는 자의 기쁨을 누리게 해주었네.
그런데, 다만,"

"네? 다만?"

"하나님은 분명히 사람을 통해 일하시는 것을 기뻐하시지

만, 자네가 그 사람을 찾아다니기 보다는 하나님을 먼저 찾
았으면 하네."

소년은 묵묵히 경청했다.

"하나님의 자녀임을 잊지 않는다면, 어떤 상황에서라도
아무것도 염려할 것 없네. 자네를 시작하신 하나님께 간절한
기도로 나아가게. 기도할 수 있음에 감사하면서, 그 염려와
고난 뒤에 찾아올 성장에 감사하면서 말일세. 그러면, 모든
지각에 뛰어나신 하나님께서 자네의 마음과 생각을 만지실게
야. 그리고 깊은 평안 가운데 문제를 다시 바라볼 수 있게
해주실 걸세. 그렇게 된다면, 그 문제는 주인공인 자네가 충
분히 감당해 나갈 수 있음을 깨닫게 될 거야. 아니, 어쩌면
해결할 필요도 없는 하찮은 것이 되어버릴 수도 있을 걸세."

소년의 눈이 여느 때보다 더욱 반짝거렸다. 소년은 갑자
기 요셉의 앞에 정중히 무릎을 꿇으며 절했다.

"사브넷바네아, 당신의 이름처럼, 하나님은 말씀하시는
하나님이시며, 그 이름을 믿는 자는 반드시 살 것입니다. 당
신과 보낸 이 시간들, 결코 잊지 않겠습니다. 당신이 저를 만
나 주신 것처럼, 하나님께서 저를 만나주시리라 믿습니다.
저를 위해 기도해 주시길 부탁드려요."

요셉은 소년을 흐뭇하게 바라보며, 무릎을 꿇고 그의 머

리에 손을 얹었다.

"말씀하시는 하나님께서 당신의 소유된 이 소년에게 당신의 이름을 소유하도록 허락하시기를 간구합니다. 그래서 그를 구원하시고, 또 그가 구원하는 사람이 되게 하소서. 그에게 복이 되어 주시고, 또 그가 복이 되게 해 주옵소서."

요셉과 소년은 뜨겁게 껴안았다. 따스한 햇볕이 그 둘을 힘껏 안은 듯, 그들의 등에 뜨겁게 내리쬐었다.

에필로그

제가 들려드린 요셉이야기가 어떠셨나요? 저는 이 책을 탈고하기까지 이미 여러 번을 읽었지만 에필로그를 쓰기 위해 처음부터 끝까지 다시 한 번 정독을 했습니다. 독자 여러분과 똑같은 상태에서 에필로그를 마주하고 싶었기 때문입니다. 여전히 발견되는 오탈자를 수정하며 제 자신의 연약함과 마주쳤습니다. 그리고 다시 한 번 가슴이, 그리고 눈시울이 뜨거워짐을 느꼈습니다. 제가 쓴 글에 제가 감동한다는 것이 자못 우습기도 하지만, 제게는 이 글이 하나님께서 주신 편지 같았습니다. 제가 썼지만, 제가 쓰지 않은 듯한 이 글들은 제 가슴을 흔들며, 다시 한번 '복'이 되리라 다짐하게 만들었습니다. 이 글을 쓴 것 역시 복을 나눔에 있지만, 이 글로 인해 그 복을 누리고 있는 제 자신을 보게 되었습니다.

요셉은 구약의 인물인지라, 멘토 요셉과 소년과의 대화에서 예수님의 구속 사역에 대해 나눌 수 없었던 점이 아쉬웠습니다. 그러나, 예수님께서 구속 사역을 통해 우리와 하나님과의 관계를 회복하셨고, 그로 인해 성령 세례의 은혜를 우리에게 주셨으므로, 성령에 감동된 요셉의 삶을 우리의 삶에 적용하는데 큰 무리는 없다고 생각합니다.

저는 성령 충만을 하나님과의 관계적 측면에서 접근해 보았습니다. 다시 말해, 성령이 충만하다는 것은 결국 성령님과 깊고 친밀한 관계의 상태에 있는 것이라고 생각한 것입니다. 하나님과의 관계의 질은 결국 나 자신(자기, self)을 변화시킵니다. 이전과는 다른 나, 다시 말해 옛사람에서 새사람으로 변화되는 것이죠. 따라서 하나님과 관계가 맺어지고 깊어지는 과정을 거듭남(born again)의 과정이라고 볼 수 있을 것입니다. 거듭난 사람은 예수님처럼 살게 됩니다. 하나님을 사랑하고, 이웃을 사랑하는 삶을 살게 되는 것입니다. 하나님과 친해지면 하나님께서 하시는 일이 반갑습니다. 하지만, 세상과 친해지면 세속적인 일들이 반가워지겠지요. 요즘 우리는 무엇을 반가워하는지 잠시 생각해 보면 어떨까요?

하나님과의 깊고 친밀한 관계는 말씀과 기도 생활, 그리고 진실한 예배는 물론 이웃을 섬기는 삶 - 복이 되는 삶에서 비롯됩니다. 이 모든 과정은 하나님을 만나고, 함께 걷고, 동역하는 과정이지요. 더불어 말씀을 통해 더욱 생생하게 하나님을 만날 수 있다면, 그 관계는 더욱 깊어질 것입니다. 저는 그 방법으로 비블리오드라마를 추천합니다. 비블리오드라마는 성경을 전인적으로 - 몸과 마음, 그리고 생각으로 - 만나는 방법입니다. 비블리오드라마를 통해 성경이 남의 이야기가 아니라, 내 이야기가 되고, 성경을 읽는 것이 아니라 경험하게 되며, '하나님에 대해서' 알게 되는 것이 아니라, '하나님을' 알게 됩니다.

이어지는 페이지에서는 비블리오드라마를 가정예배 및 말씀묵상에 적용하는 방법을 간략하게 소개하고자 합니다. 여러분이 성경을 통해 하나님과 깊고 친밀한 관계를 맺는데 도움이 되길 간절히 기도합니다.

비블리오드라마

비블리오드라마(Bibliodrama)는 성경(Bible)과 드라마(Drama)의 합성어로 성경의 본문을 극화하는 활동을 통해 창의적인 해석을 경험하는 놀이이자 성경 교육 프로그램이며, 심리치료의 도구입니다. 이는 단순한 성경 재현을 넘어, 참여자들이 성경 속 인물 또는 사물의 역할을 맡아 직접 경험하고 상호작용함으로써 성경을 보다 깊이 이해하도록 도울 뿐만 아니라 마음을 치유하는 도구가 되기도 합니다. 비블리오드라마는 '머리'가 아닌 '몸'을 활용하기에 추상적이지 않고 실제적이며, 하나님의 창조적인 손길을 지금-여기에서 지속적으로 경험하게 하는 성경 전달, 성경 체험의 도구입니다. (황헌영, 2023: 199)

비블리오드라마는 심리극(Psyhodrama)과 성경 연구가 결합하면서 발전했습니다. 심리극은 20세기 초 야콥 모레노

(Jacob L. Moreno)가 개발한 심리치료기법으로 참여자들이 즉흥적으로 배역을 맡아 감정을 표현하고 내면을 탐구하는 방식입니다. 이러한 심리극 기법이 성경 교육에 적용되면서 비블리오드라마가 탄생했습니다. 비블리오드라마라는 이름을 처음 사용한 독일의 신학자 마르틴(G. Martin)은 비블리오드라마를 "한 명 혹은 다수의 비블리오드라마디렉터의 안내를 받아 12~18명의 참여자와 성서 본문 사이에 상호작용이 일어나는 열린 프로그램"이라고 정의합니다.(G, Martin, 2010: 21)

비블리오드라마의 개념을 본격적으로 정립한 인물 중 한 명은 피터 핏젤(Peter Pitzele)입니다. 그는 유대교 전통의 성경 해석 방법인 미드라쉬(Midrash)와 심리극을 결합하여 비블리오드라마를 체계화했습니다. 그는 비블리오드라마를 "드라마의 형태를 띤 해석학"으로 정의하며, 이는 전통적인 성경공부를 대체하고자 하는 것이 아닌, 성경을 가르치는 새로운 도구이자 학습 공동체를 만드는 특별한 도구임을 강조하였습니다.(Pitzele, 2016: 25, 28)

대개 비블리오드라마는 전문가인 진행자(이하, 디렉터)의

인도에 따라 다수의 참여자들이 선정된 본문의 여러 대상의 역할을 담당하는 역할극 형식으로 진행됩니다. 이는 짜여진 대본을 그대로 따르는 '성극, 성서극'과는 달리, 자발적이고 즉흥적인 참여를 통해 자신의 이야기와 성경의 이야기가 마주치게 함으로써 신앙적인 성찰을 경험하게 합니다.(비블리오드라마 교육연구소, 2016: 13)

비블리오드라마 특징은 자발성, 체험성에 있다고 볼 수 있습니다. 반면에 기존의 성경을 대하는 방식은 대개 수동적, 관찰적이라고 볼 수 있습니다. 보통은 성경 본문을 읽거나 묵상하는 방법으로 관찰자 혹은 탐구자, 연구자의 위치에서 성경을 접하게 됩니다. 혹은 다른 이의 해석 즉, 설교를 듣는 방식으로 성경을 접하게 됩니다. 하지만, 비블리오드라마는 성경 속으로 들어가 성경을 직접 체험하고, 그 현장의 분위기와 감정을 경험하며 성경의 인물이 되어 자발적, 능동적으로 스토리를 써 내려가게 됩니다.

이런 과정에서 참여자들은 성경을 전인적으로 경험하게 되어 성경으로 내 삶이 들어가고, 내 삶에 성경이 들어오는 놀라운 경험으로 이어집니다.

비블리오드라마 가정예배

대개 비블리오드라마는 앞에서 서술한 것과 같이 교회 혹은 신앙공동체에서 전문가인 디렉터와 여러 명의 참여자들로 구성되어 진행됩니다. 하지만, 필자는 이를 가정예배에 도입하려는 시도를 하고 있는데, 아래에 그 효과와 방법을 간략히 소개하고자 합니다.

가장이 비블리오드라마디렉터로서의 적절한 훈련을 받고, 참고할 만한 가이드 혹은 자료가 있다면, 충분히 비블리오드라마 가정예배가 이뤄질 수 있으리라 기대합니다.

추후, 이 책을 시작으로 비블리오드라마 가정예배에 대한 활발한 연구가 일어나고 비블리오드라마 가정예배 디렉터를 양성하는 '비블리오드라마 가정예배 학교' 프로그램을 진행하게 되기를 소망합니다. 이하 '비블리오드라마 가정예배'를 축약하여 '비가예'로 칭하도록 하겠습니다.

226

1 비가디노 [첨부1]

비가디노는 '비블리오드라마 가정예배 디렉터스 노트 (Bibliograma Family Worship Drector's Note)'의 약어로 가장 디렉터가 예배를 준비할 때 사용할 수 있는 도구입니다. 비가디노는 비가예를 준비하는 도구일 뿐만 아니라, 사용할수록 비가예에 숙달되게끔 하고, 가정예배를 기록으로 남길 수 있는 도구입니다. 아래의 비가예 진행 가이드는 비가디노를 기준으로 합니다.

2 비가예 진행 가이드

1) 준비 기도
- 시작하는 기도는 디렉터(가장)가 진행하는 것을 권합니다. 말씀하시는 하나님을 신뢰하십시오, 그리고 기대하십시오. 비블리오 드라마 가정예배를 통해 가족 구성원 모두가 성경을 체험하고 하나님을 만날 수 있도록 성령님의 도우심을 구하십시오.

2) 본문 읽기
- 가족 구성원이 성경의 본문을 천천히 여러 번 읽습니다. 관심이 가는 인물, 단어, 문장을 기억하도록 합니다.

- 마음에 닿는 문장을 해당 구성원이 다시 읽도록
  합니다. 그리고 간단하게 그 이유를 나눕니다.
- 현대적인 언어로 번역된 다양한 번역서(새번역,
  우리말성경, 쉬운성경 등)를 함께 읽으면 더욱 도
  움이 됩니다.
- 디렉터가 본문의 역사적, 문화적 배경에 대한 정
  보를 제공할 수 있다면 더욱 도움이 됩니다.
- 디렉터가 가정예배를 준비하면서 검은 불꽃(본문
  에 명시된 내용)과 힌 불꽃(행간의 내용)을 정리
  해 본다면 극화를 이끌어 가는데 더욱 도움이 됩
  니다. (비가디노 참고)

3) 웜업
- 드라마로 들어가기 전에 서로의 유대감를 향상시킬
  수 있는 웜업활동을 합니다.
  - 오늘 하루 가장 즐거웠던 일 나누기
  - 오늘 하루 가장 수고한 내 몸의 지체 칭찬하기,
    지체가 되어 화답하기
  - 오늘 하루 가장 고마운 사람 나누기
  - 이 외 다양한 활동을 만들어 보세요.

– 이 외의 다양한 몸으로 하는 웜업, 마음을 나누는 웜업 활동을 알기 원한다면, 「성경이 살아나는 비블리오드라마」 (김세준, 황헌영, 2018)을 참고하시기를 바랍니다.

4) 극화

- 역할 나누기 및 장면 구성
  - 먼저 각자가 원하는 역할을 분배합니다. 본문에 등장하는 인물은 물론 개연성을 유지하는 하에 본문에 없는 인물(부인, 남편, 자녀, 친구 등)을 등장시킬 수도 있습니다. 나아가 사물은 물론, 감정, 힘, 천사, 악마 등도 등장시킬 수 있습니다.
  - 그리고 마치 한 편의 그림 혹은 조각을 만들 듯이, 각 배역을 적당한 위치에 배치하여 적절한 동작이나 자세를 취하도록 합니다. 디렉터는 가급적 주인공의 역할을 맡은 사람이 장면을 구성하도록 돕습니다.
  - 역할을 의미하는 소품을 사용해도 좋습니다. 무릎담요를 어깨에 두르거나 장난감 등을 이용합니다.

- 디렉터가 질문을 통해 극화를 진행합니다.
  - 디렉터는 등장인물에게 인터뷰(interviewing) 혹은 독백(voicing), 메아리(echoing)의 방식을 통해 연기를 진행합니다. 이는 숙달되면 집단 연기(group characterizaton)로 까지 발전할 수 있습니다(Pitzele, 2016: 207).
  - 인터뷰는 외적인 질문으로 시작해 내적인 질문으로 이동합니다.
- 외적 질문의 예: "지금 어디에 있나요?", "지금 누구와 있나요?", "주변에 무엇이 보이나요?", "그 사람들의 표정은 어떤가요?", "어떤 냄새 혹은 소리가 나나요?" 등
- 내적 질문의 애: "지금 당신의 기분은 어떤가요?", "무엇 때문에 그런 기분이 들었나요?", "지금 어떤 생각을 하고 있나요?", "얼마나 아픈가요, 슬픈가요?" 등
- 다양한 기법을 활용합니다.
  - 이중 자아(double), 거울 기법(mirroring), 역할 바꾸기(role reversal) 기법을 통해 더 풍성한 경험으로 인도합니다.

- 마지막에는 디렉터의 지시("오늘은 여기까지 하겠습니다.")로 역할털기를 하고 마무리 합니다.

5) 나눔과 적용, 마무리
- 비가예를 통해 경험한 것을 나누고, 감사의 기도로 마무리합니다.
  - 하나님은 내게 어떤 분인가요?
  - 오늘의 본문을 내 삶에 어떻게 적용할 수 있을까요?

3 비가예의 효과

- 웜업을 통해 가족 구성원들의 삶을 이해하고 공감하게 됩니다.
- 경청의 습관이 배양되고, 다양하고 깊은 사고의 과정을 경험하게 됩니다.
- 일방적 가르침이 아닌, 수평적, 자발적 참여로 자녀들이 매우 즐겁게 예배를 드립니다. 아이들이 먼저 가정예배를 드리자고 조르는 일이 빈번해 집니다.
- 본문의 내용을 선명하게 기억하게 됩니다. 이는 지/정/의를 활용한 3중 기억 작업이 일어나기 때문입니다.

- 본문의 교훈을 깊이 있게 이해하고 마음으로 받아들이
게 됩니다.
- 일상생활에 가정예배가 연결되고 그 영향력이 지속되
는 것을 느끼게 됩니다.

4 비가예 진행사례

* 아래의 등장인물은 가상의 등장인물이며, 가상의 상황
설정임을 밝힙니다.

* 본 사례에서는 상황에 따라 아빠와 엄마가 디렉터의 역
할을 번갈아 가며 수행하는 장면을 제시하였습니다.

1) 준비 기도

아빠(디렉터1): 오늘은 비블리오드라마 가정예배를 드
릴거에요. 오늘은 의영이가 가정예배를 위해 기
도해 줄래요?

의영(중학생 자녀): 네, 그럼 기도하겠습니다. (생략)

2) 본문 읽기

아빠: 오늘 함께 나눌 말씀을 창세기 37장 12절에서 24
절 말씀이에요. 한 사람씩 돌아가면서 천천히 성
경을 읽어볼게요. 읽으면서 마음에 와 닿는 사람,

단어, 구절, 상황, 감정 등을 기억했다가 함께 나
눠볼게요.

모두: 성경을 읽는다.

엄마(디렉터2): (성경 이해를 돕는다.) 오늘 읽은 본문
은 형들이 요셉을 구덩이에 던저버린 사건을 이
야기하고 있어요. 혹시, 왜 이런 일이 일어난지
아는 사람?

(생략)

아빠: 그럼, 성경을 읽으면서 마음에 와 닿은 것이 무
엇인지 나눠볼게요.

의영: 음. 형들의 마음이 조금은 이해가 가네요. 요셉이
맨날 나대니까 형들이 미웠던 것 같아요. 뭐, 죽
이려고 하는 것 까진 넘 심했지만요.

시영(초등학생 자녀): 요셉이 너무 무서웠을 것 같아요.
형들이 그렇게 할 줄 모르고 신나게 갔을 텐데...

엄마: 가장 큰 형의 마음이 이해가 가네요. 아버지를 생
각하는 첫째의 마음이요.

3) 웜업
아빠: 그렇군요. 오늘 드라마가 정말 기대가 되네요. 그

럼 우선 오늘 하루 나를 가장 힘들게 한 사람 혹
은 사건이 있다면 나눠 봅시다.

의영: 음... 실은 몇 친구가 저를 괴롭혀요. 뭐 때리고
그러는 건 아닌데, 말로 괴롭힌달까?

엄마: 정말, 그런 일이 있었니? 언제부터 그런 일이 있
었어?

(생략)

4) 극화

• 역할 나누기 및 장면 구성

시영: 제가 요셉할래요! (담요를 망토처럼 둘러준다.)

아빠: 그렇다면 시영이가 주인공이 되겠구나. 이 장면
에는 누가 있어야 할까?

시영: 어, 형님들이 있어야 할 것 같아요. 아빠랑 형이
형님들이 되어 주세요.

아빠: 그럼, 아빠는 디렉터와 형님을 맡을게. 의영이가
르우벤이 되어 주면 어떨까? (의영: 네, 좋아요!)
그럼, 우리 형님들은 어디쯤 서 있을까? (주인공
이 적절한 위치를 정해 주고, 고기를 구워 먹고
있는 동작을 요구한다.)

아빠: 그리고 엄마는 하나님의 역할을 하는 것은 어떨까?

시영: 엣, 하나님은 본문에 없는데요?

엄마: 하나님은 어디에나 계시니까. 하나님이 잘 지켜볼게요. 그럼 하나님은 어디쯤 계시면 좋을까? (주인공이 의자를 가져다가 엄마를 앉힌다.)

● 인터뷰 - 외적 질문, 내적 질문

아빠: 안녕하세요, 요셉.

시영: 네.

아빠: 혹시 지금 어디가시는 길인가요?

시영: 아, 저 아빠 심부름으로 형들 만나러 가요.

아빠: 그렇군요. 지금 가는 길에 무엇이 보이나요? ... 그래서 기분이 어떤가요?

시영: 아마, 심부름을 잘 마치고 돌아가면 아빠가 칭찬해 주실 것 같아요! 그럼 기분이 좋겠죠?

(생략)

엄마: 형님들을 뭐하고 계시나요?

아빠: <u>흐흐흐</u>, 어린 양을 잡아먹고 있지요. 아버지는 절대로 못 먹게 하니 이럴 때라도 잡아먹어야죠.

의영: 아, 원래 몰래 먹는게 맛있거든요. 흐흐

아빠: 아, 그러고보니 갑자기 요셉생각이 나네. 지난 번에 일러바쳤잖어.

의영: 형, 아 진짜 밥 맛 떨어지게 요셉 이야기를 하고 그래?

아빠: 야, 밥 아니거든, 고기거든, 양 고기!

(생략)

● 드라마

아빠(디렉터1): 자, 이제 저기 요셉이 오고 있습니다. 형님들 요셉이 보이세요?

의영: 아, 뭐야 쟤 여기 왜 왔어? 아, 짜증나네.

아빠(형제 역할): 야~ 대단한 꿈 꾼 놈이 오고 있네? 뭐 우리가 절한다고? 아, 근데 고기 먹고 있는거 또 이를 거 아냐? 이를 어쩐다냐, 르우벤 형, 저놈 죽여서 구덩이에 던집시다. 그 놈이 꿈이 어떻게 되나 보자구요!

의영(르우벤 역할): 야, 야, 진정하고, 형제인데 죽이는 것 좀 심하지, 그냥 구덩이에 던져 버려.

아빠: 아 그러다 빠져나와서 또 이르면 어쩌려구, 그땐

아버지에게 죽는거야.

르우벤: 에이 그건 일단 나중에 생각하고, 하여간 일단 던져놔.

(요셉을 끌어다가 담요를 뺏고 가운데 엎드리게 한다.)

아빠: 요셉, 지금 거기는 어떤가요?

시영: 너무 무섭고 축축해요. 너무 깊어서 나갈 수가 없어요.

아빠: 너무 깊고 축축한 곳이라 무섭고 절망적인 기분이 드는군요. 형들에게 살려달라고 외쳐보세요.

시영: 형들 좀 살려줘요!

아빠: 더 크게, 살려주세요!

시영: 제발 살려주세요!

아빠: 형, 어떻게 할까요?

의영: 야, 너 같으면 살려주겠냐? 너 맨날 아버지에게 이르고, 그리고, 뭐 우리가 너에게 절한다고? 장난해? 뭐가 이쁘다고 살려줘?

시영: 아이구 형, 너무 무서워요. 살고 싶어요. 제발 살려 주세요.

아빠: 야야 시끄럽고~ 고기나 더 가져와, 고기나 먹고 있자.

(생략)

엄마: 자 여기까지. 의영이와 시영이의 역할을 바꾸어
　　　볼게요.

(요셉을 끌어다가 담요를 뺏고 가운데 엎드리게 한다.)

의영(요셉 역할): 으악, 여기가 어디야? 형들 도대체 왜
　　　이래요? 제발 살려주세요! 형!

시영(형들 역할): 너무 불쌍해요. 살려주고 싶어요.

아빠: 아이구 시영이가 요셉 역할을 해보니까 도저히
　　　형들 역할을 못하겠구나.

의영: 아, 저도 형들 역할을 하다가 요셉 역할을 하니
　　　까, 절대로 살 수가 없겠다는 마음이 들어 절망
　　　적이었어요.

아빠: 하나님은 마음이 어떠셨어요?

엄마: 사실 요셉에게 보여준 꿈은 모두를 구원하기 위
　　　한 꿈이었는데, 서로 오해가 깊네요. 서로 이해하
　　　고 사랑하면 좋으련만 싸우기만 하니 마음이 아
　　　파요.

아빠: 혹시 하나님의 마음을 또 이야기해 주실 분 있나
　　　요?

의영: 후, 요셉을 괴롭히는 형들을 혼내주고도 싶지만,

저 형들도 나의 백성이니 ... 기회를 주는 수 밖
에 ... 원래 계획은 이게 아니었지만, 다른 계획을
세워야겠군.

아빠: 와, 정말 멋진 하나님이세요!

(생략)

5) 나눔과 적용, 마무리

아빠: 자 오늘의 드라마는 여기까지~ 자 우리 역할을
털어내겠습니다.

모두: (손을 털며) 나는 XXX가 아닙니다. 당신은 XXX
가 아닙니다. 저는 OOO입니다.

엄마: 이제 오늘 경험한 것이 무엇인지 나눠볼까?

(생략)

아빠: 의영이가 겪고 있는 일이 결코 쉬운 일이 아니고,
아빠가 화가 나서 당장이라도 달려가 녀석들을
혼내줄 방법을 찾고 싶지만, 오늘 예배를 통해
우리가 다른 선택을 해야 될 것 같다는 생각이
들었어.

의영: 네, 저도 그런 생각이 들어요. 그러면 어떻게 하
면 좋을까요?

아빠: 너를 힘들게 하는 친구들이 '다른 친구들을 괴롭히지 않고 오히려 친절하게 대하는 친구들이 되기를' 축복하며 기도해 보는 것이 어떨까? 그리고, 이 기도를 통해 하나님께서 어떻게 일하시는지를 보고 그 다음 행동을 정해보자.

의영: 좋은 것 같아요. 그렇게 해 볼게요.

아빠: 자, 그럼 오늘 마무리 기도는 모두가 돌아가면서 한 마디씩 하는 것으로 마무리 하겠습니다.

(생략)

(따뜻한 포옹과 격려로 가정예배를 마친다.)

[첨부 1] 비가디노 작성 예

비.가.디.노
Bibliodrama Family Worship Director's Note

여는 기도	* 성령님께 비블리오드라마 가정예배를 인도해 주시길 기도합니다.
	오늘은 큰 아이에게 기도를 부탁해야 겠다.

성경 본문 읽기	* 본문을 여러 번 읽으면서 떠오르는 심상, 마음에 와 닿는 단어, 인물, 구절 등을 기억합니다.
	* 준비한 본문의 책, 장, 절을 적어주세요.
	창세기 37:12~24

성경 본문 관찰 분석

분류	검은 불꽃_본문	흰 불꽃_행간
인물	요셉, 형제들, 르우벤	다른 형제들
사물	물이 없는 구덩이(깊이는?), 채색옷, 양들	밧줄
장면	죽이기로 모의하는 장면, 채색옷을 벗기는 장면, 구덩이에 던지는 장면	요셉이 형에게 가는 장면 요셉이 오기 전에 형들의 장면

웜업	오늘도 나를 가장 힘들게 한 일 혹은 사람에 대해 나눠보자.

극화

* 먼저, 역할을 나눕니다.
* 인터뷰(질문), 독백, 미러링, 집단 연기 등의 기법으로 즉흥 연기를 시작합니다.

외적 질문	* 지금 어디에 있나요?, 지금 누구와 있나요?, 주변에 무엇이 보이나요?, 그 사람들의 표정은 어떤가요?, 어떤 냄새 혹은 소리가 나나요? 등
	구덩이 속은 어땠을까?

내적 질문	* 지금 당신의 기분은 어떤가요?, 무엇 때문에 그런 기분이 들었나요?, 지금 어떤 생각을 하고 있나요?, 얼마나 아픈가요, 슬픈가요, 기쁜가요? 등
	형들이 요셉을 구덩이에 던졌을 때의 감정과 생각, 르우벤의 마음, 형제들의 마음

* 디렉터가 이중자아, 거울기법, 역할바꾸기 등을 활용하여 연기를 촉진합니다.

요셉과 형제들에게 인터뷰, 요셉과 형제들의 즉흥 대화(장면 연기)
요셉과 형제들의 역할바꾸기

나눔 적용	* 새롭게 경험한 것, 알게 된 것은 무엇인가요? 내 삶에 어떻게 적용할 수 있을까요?

닫는 기도	* 감사의 기도로 마무리 합니다.

더욱 친밀한 교제의 시간, ————
비블리오드라마 말씀 묵상(B.Q.T)

일반적인 비블리오드라마는 여러 명의 구성원이 각각의 역할을 맡아 진행합니다. 다양한 구성원에서 촉발되는 상호작용의 경험은 비블리오드라마의 꽃이라 할 수 있습니다. 하지만, 모노드라마(mono-drama)라는 것이 존재하듯 비블리오드라마도 혼자서 진행이 가능한데, 자신이 성경 속의 한 인물, 혹은 여러 인물, 또는 관찰자가 되어 비블리오드라마를 진행할 수 있으며, 이는 공동체 활동과는 다른 또 다른 매력과 효과를 제공합니다.

본 저서는 바로 이러한 작업의 결과물이라고 볼 수 있습니다. 저술을 하는 과정 자체가 비블리오 드라마적인 묵상이었고, 성경 인물은 물론 하나님과의 깊고 뜨거운 만남이었습니다. 마치 살아있는 듯한 멘토 요셉과 창세기의 인물들은 그렇게 제게로 다가왔습니다.

필자는 이를 비블리오드라마 말씀 묵상, 줄여서 비큐티

(B.Q.T)라 칭하고 그 방법을 간략히 소개하고자 합니다. 비큐티는 지금-여기에서의 성경의 재현이며, 실제적인 경험, 체험입니다.

1 비노트 [첨부2]

비노트는 '비블리오드라마 큐티 노트(Bibliograma Q.T. Note)'의 약어로 효과적인 비블리오드라마 큐티를 위한 도구입니다. 비노트는 비가디노와 마찬가지로 비큐티를 준비하는 도구일 뿐만 아니라, 사용할수록 숙달되게끔 하고, 기록으로 남길 수 있는 도구입니다. 아래의 비큐티 진행 가이드는 비노트를 기준으로 합니다.

2 비큐티 진행 가이드

1) 준비 기도

말씀하시는 하나님을 신뢰하십시오, 그리고 기대하십시오. 꼭 어떤 새로운 깨달음이나 감격을 느껴야 할 필요는 없지만, 비큐티를 통해 얻을 수 있는 새로운 경험은 무궁무진합니다. 비큐티를 통해 성경을 체험하고 하나님을 만날 수 있도록 성령님의 도우심을 구하십시오.

2) 본문 읽기

- 성경의 본문을 천천히 여러 번 읽습니다. 관심이 가는 인물이나, 단어에 표시합니다.
  - 현대적인 언어로 번역된 다양한 번역서(새번역, 우리말성경, 쉬운성경 등)를 함께 읽으면 더욱 도움이 됩니다.
  - 본문의 역사적, 문화적 배경에 대한 정보를 얻을 수 있다면 더욱 도움이 됩니다.

3) 극화

- 먼저, 환경을 상상해 봅니다. 그리고, 등장인물들을 그 환경에 배치해 보세요.
  - 여러 사람과 함께 하고 있을 수도, 혹은 누군가 홀로 있을 수도 있고, 편지를 쓰고 있을 수도 있으며, 그 편지를 읽고 있거나 듣고 있을 수도 있습니다.
  - 오감으로 환경을 경험해 보세요. 지금 그 곳의 분위기는 어떤가요? 사람들의 표정은 어떻습니까? 어떤 냄새가 나며, 어떤 소리가 들리나요?

- 몸으로 표현해 보세요. 어떤 자세로 있나요? 어떤 표정일까요?

• 이제 그 등장인물들 중 하나가 되어 보세요. 그 인물이 되어 그의 감정을 느끼고, 그가 되어 이야기를 나누거나, 마음을 고백해 보세요. 그리고 또 다른 인물이 되어 보세요.
  - 당신은 지금 무엇을 혹은 누구를 보고 있나요?
  - 마음이 어떻습니까? 감정을 표현해 보세요.
  - 누구에게 어떤 말을 해주고 싶은가요? 이야기를 나눠보세요.
  - 같은 사람의 다른 마음이 되어 말해 보세요. 서로 다른 마음끼리 대화해 보세요.
  - (역할바꾸기) 맡은 역할의 상대방이 되어 말해 보세요.

• 다른 인물 혹은 예수님, 하나님이 되어 등장 인물들에게 마음을 표현해 보세요. 등장인물이 하나님께 질문을 했다면 답변을 시도해 보아도 좋습니다. 하지만, 그 답변이 성경의 진리에 부합하는지 확인해 보세요. 비큐티를 진행하는 다른 동료들과 나눔의 시간을 가질 수 있다면 더욱 좋습니다.

4) 마무리

- 경험하고 깨달은 것을 정리하고, 감사의 기도로 마무리 합니다.
  - 새롭게 깨닫게 된 하나님의 성품, 마음은 무엇인가요?
  - 이 본문에서 당신과 하나님은 어떤 관계인가요?
  - 이러한 내용이 당신의 삶에 어떤 의미가 있을까요?

3 비큐티 진행 사례

1) 비노트 작성

비노트 작성은 비가디노 작성 사례를 참고하시기 바랍니다.

- **본문 읽기**: 수고하고 무거운 짐진 자들아 다 내게로 오라 내가 너희를 쉬게 하리라, 나는 마음이 온유하고 겸손하니 나의 멍에를 메고 내게 배우라 그러면 너희 마음이 쉼을 얻으리니, 이는 내 멍에는 쉽고 내 짐은 가벼움이라 하시니라 (마태복음 11장 28-30절)

  - 멍에, 짐 이라는 단어가 마음에 와 닿습니다. (멍

에와 짐을 몸으로 표현해 봅니다.)

- 내게 '와서', 내게 '배우라'는 구절에서 예수님의 간절함이 느껴집니다. (예수님의 간절함을 몸으로 표현해 봅니다.)

- **환경 상상 하기:** 예수님이 길을 걸어가시다가 탄식하십니다.(20~24절) 그리고는 하늘을 우러러 감사하시면서(25~27절) 함께 걷던 제자들에게 말씀하십니다. (이를 몸으로 표현해 봅니다.) 예수님의 목소리에서 확신이 느껴지고 힘이 느껴집니다. 제자들의 불안과 걱정이 확신으로 바뀌고 있는 것이 느껴집니다.

- **역할 선택 및 연기:** 나는 예수님의 제자 중 한 명입니다. 제자 무리들과 함께 예수님의 말씀을 듣고 있습니다. 예수님은 모두에게 말씀하시지만, 꼭 내게 말씀하시는 것처럼 느껴집니다. 특히, '수고하고 무거운 짐진 자들아'라고 말씀하실 때, 마치 나를 바라보고 계신 것 같습니다. (예수님의 자리에서) 나를 바라봅니다. 예수님의 눈빛은 어떨까요? (다시 내 자리로 돌아가) 예수님을 바라봅니다. 예수님의 눈빛에 제 마음이 심히 떨림을 느낍니다. 무거운 짐에 짓눌

려 있는 나를 알아채신 것만 같습니다. '내가 다 안다.' 예수님은 내 짐이 무엇인지 다 알고 계시며, 내가 느끼는 그 무게감을 알고 계십니다. 그 누구보다도 내게 공감하시며 나를 긍휼히 여기고 계십니다.

예수님께서 '마음의 쉼'을 주시겠다고 말씀하시는 순간, 모든 고통이 '마음'에서 오는 것이라는 생각이 듭니다. 내가 지금 힘든 것은 삶의 문제들로 인한 걱정과 염려를 견뎌내지 못하는 제 '마음'때문인 것 같습니다. 내게 와서 배우라고 하신 예수님께 여쭤봅니다.

"아아, 예수님, 예수님의 멍에가 제 짐보다 쉽고, 가볍다고요? 저는 그럼 주님이 지실 십자가의 무게보다 더 무거운 짐을 지고 있다는 말씀이신가요?"

(예수님의 자리로 이동합니다.)

"나의 사명의 중요성은 그 어떤 것보다 무겁단다. 그리고, 심지어 꽤 힘든 길이기도 하지. 하지만, 그것을 감당하는 길에는 큰 기쁨과 감사가 있단다. 하나님과 이웃을 사랑하는 삶을 통해 하나님과 이웃의 기쁨을 맛보는 삶은 그 어느 것과도 비교할 수 없지. 심지어 십자가마저 가볍고 쉽게 느껴지게 만들어 버리곤 하니까 말야, 하하하! 그리고 무엇보다도 내가 함께 지고 가는 길이잖니."

(다시 제 자리로 돌아와) 웃고 계신 예수님을 바라봅니다. 예수님의 웃음소리가 너무나 맑습니다. 그리고, 확신이 느껴집니다. 예수님은 십자가 상에서 고통받았지만, 분명히 미소를 지으셨을 것 같습니다. "다 이루었다"고 말씀하시면서 말이죠. 나는 지금 하나님과 이웃을 사랑하는 일에는 관심이 없고 오직 삶의 염려와 문제를 해결하는 데만 몰두하며 그 짐의 무게 짓눌려 있다는 것을 깨닫게 됩니다. 제 염려와 근심을 내려놓고, 바로 지금-여기에서 하나님과 이웃을 사랑할 수 있는 일이 무엇이 있는지 돌아봅니다. 아니, 지금 제가 하고 있는 일을 하나님과 이웃을 위해서 해야겠다는 생각이 듭니다. 마음을 바꾸는 것이죠! 왜 이제야 예수님의 말씀에 귀를 기울였는지 후회가 밀려옵니다. 예수님이 이렇게 말씀하시는 것 같습니다.

"내게 와서 배우고 있구나. 마음의 쉼을 얻게 될거야."

• • • • •

마태복음 11장 28~30절을 본문으로 비큐티를 시연해 보았습니다. 그 배경을 알기 위해 앞부분의 구절들을 참고했습니다. 본문의 성격과 등장인물에 따라 진행의 방식은 무궁무진합니다. 처음엔 다소 어색하고 서툴 수 있지만, 성령의 도우심을 구하며 비큐티를 진행해 보십시오. 이러한 경험이 축적되고 성경에 대한 바른 지식이 쌓여 가면 비큐티를 통해 살아계신 하나님을 만나고, 성경의 인물을 만나며, 나 자신을 만나는 놀라운 경험을 하게 될 것입니다.

이상 비가예와 비큐티에 대한 더 자세한 내용과 적용 사례는 아래의 참고 문헌과 저자의 블로그(blog.naver.com/hongseongbo), 인스타그램(zindam77)을 참고해 주시기 바랍니다.

[첨부 2] 비노트 양식

비.노트
Bibliodrama Q.T Note

여는 기도	* 성령님께 비블리오드라마 큐티를 인도해 주시길 기도합니다.
성경 본문 읽기	* 본문을 여러 번 읽으면서 떠오르는 심상, 마음에 와 닿는 단어, 인물, 구절 등을 기억합니다. * 본문의 책, 장, 절을 적어주세요.

성경 본문 관찰 분석

분류	검은 불꽃_본문	흰 불꽃_행간
인물		
사물		
장면		

극화

* 먼저, 가장 관심이 가는 역할을 선택합니다.

외적 상태	* 지금 어디에 있는가?, 지금 누구와 있는가?, 주변에 무엇이 보이는가?, 그 사람들의 표정은 어떤가?, 어떤 냄새 혹은 소리가 나는가? 등을 상상해 봅니다.
내적 상태	* 지금 당신의 기분은 어떤가?, 무엇 때문에 그런 기분이 드는가?, 지금 어떤 생각을 하고 있는가, 얼마나 아픈가, 슬픈가, 기쁜가? 등을 상상해 봅니다.

* 이중자아, 거울기법, 역할바꾸기 등을 활용하여 연기를 촉진합니다.

나눔 적용	* 새롭게 경험한 것, 알게 된 것은 무엇인가요? 내 삶에 어떻게 적용할 수 있을까요?
닫는 기도	* 감사의 기도로 마무리 합니다.

[참고 문헌]

황헌영. (2020). 교육·상담을 위한 비블리오드라마의 이론과 실제
 - 제5장 비블리오드라마와 기독상담. 서울: 학지사.
　*이 장은 『신학과 실천』67호에 실린 「통합적 기독상담모형으로
　서 비블리오드라마」(2019)를 정리한 것임.
황헌영. (2023). 비블리오드라마와 몸의 현상학. 서울: 도서출판 액
　션메소드.
Martin, G. M.(2010). 몸으로 읽는 성서: 비블리오드라마(Sachbuch
　Bibliodrama: Praxis und Teorie) (손성현 역). 서울: 라피스.
　(원저는 1995년에 출판)
Pitzele, P. (2016). 비블리오드라마로의 초대: 성경을 여는 창
　(Scripture windows: Towards a practice of bibliodrama).
　(고원석 역). 서울: 한국장로교출판사. (원저는 1998년에 출판).
비블리오드라마 교육연구소. (2016), 처음 시작하는 이들을 위한
　비블리오드라마 매뉴얼. 서울: 일상 커뮤니케이션.
김세준, 황헌영. (2018). 성경이 살아나는 비블리오 드라마. 서울:
　현대드라마치료연구소.

이 외에도 비블리오드라마 관련 도서가 여럿 있으나 본 서에서 인
용한 참고도서만을 기록하였음.